Werner Kieweg

Tenses – Englische Zeitformen im Aktiv und Passiv

MANZ VERLAG

Manz Verlag

Muttersprachliche Beratung: Mary Ratcliffe, München
Lektorat: Harald Kotlarz, Rottenburg
Herstellung: Karin Schmid, Baldham
Umschlaggestaltung: Werkstatt München: Weiss/Zembsch, München
Illustration: Doris Oppenauer, St. Valentin
Druck: Druckhaus Beltz, Hemsbach

ISBN 10: 3-7863-2038-1
ISBN 13: 978-3-7863-2038-1

Tipps zum Training mit diesem Buch

Alle englischen Zeitformen im Aktiv und Passiv werden hier übersichtlich vorgestellt und ihre Verwendung anschaulich erläutert. Die farbig unterlegte Box gibt an, um welche Funktion der Zeitform es auf der jeweiligen Doppelseite geht.

Jede Doppelseite ist folgendermaßen aufgebaut:

1 Situationserklärung

In diesem Abschnitt wird anhand einer Zeichnung veranschaulicht, in welcher Situation eine bestimmte Zeitform verwendet wird.

2 Erklärung des Bauplans

Hier kann man sich in Erinnerung rufen, welche Wörter zur Bildung der Form benötigt werden.

3 Erklärung der Funktion

Ergänzend zur Situationserklärung wird hier erläutert, was man mit dieser Zeitform ausdrücken kann, welche Sprechabsicht damit verfolgt wird und was man damit bewirken möchte.

4 Vergleich mit dem Deutschen

Wenn sich das Deutsche und Englische stark voneinander unterscheiden, kommt es leicht zu Fehlern. Deshalb gilt es in diesem Abschnitt, auf die Unterschiede zwischen beiden Sprachen hinzuweisen.

5 Vergleich mit anderen Formen im Englischen

Mit der Wahl einer Zeitform ist immer eine bestimmte Aussage verbunden. Anhand von Beispielen werden diese Bedeutungsunterschiede und auch typische Fehlerquellen gezeigt.

Im Anschluss an diese Erläuterungen kann geübt werden. Im letzten Kapitel werden alle Zeitformen in gemischten Übungen noch einmal realitätsnah trainiert. Zu allen Übungen befinden sich die Lösungen im hinteren Teil des Buches.

Inhalt

1 *Simple present* in fünf Funktionen

1	2	3	4	5
Sagen, was häufig geschieht.	Sagen, was immer so ist.	Ein Erlebnis spannend erzählen.	Sagen, wie etwas aussieht, riecht oder schmeckt.	Über zukünftige Ereignisse sprechen, die durch einen Fahrplan oder ein Programm geregelt sind.
I get up at six o'clock in the morning.	*I live in Munich.*	*He comes in and drops the plates.*	*It looks good, smells good, but tastes awful.*	*What time does your plane go?*

1 Situationserklärung:
Wer spricht mit wem, aus welchem Anlass, mit welcher Absicht, wann und wo?

2 Erklärung des Bauplans:

I / you / we / they **get up** *at six o'clock.*
She / he **gets up** *at six o'clock.*

↓ Gegenwartsform des Verbs

3 Erklärung der Funktion: Was kann man damit ausdrücken?

Mit dem *simple present* (Gegenwartsform des Verbs) sagen wir, wie häufig etwas geschieht: oftmals, manchmal, regelmäßig oder auch nie.

4 Vergleich mit dem Deutschen:

Das Englische und Deutsche sind hier gleich. Nur die Vorsilbe (auf) ist im Deutschen an einer anderen Stelle:

Ich stehe um 6 Uhr **auf.**
I get **up** *at six o'clock.*

5 Vergleich mit anderen Formen im Englischen:

Vorsicht! *Simple present* und *present progressive* werden häufig verwechselt.
She walks to work every day. (Das ist immer so.)
But today she's taking the bus. (Heute ist das anders.)

1. Beantworte die folgenden Fragen mit kurzen Antworten.

1 When do you get up in the morning? *At seven o'clock.* ____________

2 What do you have for breakfast? ____________

3 How do you get to school? ____________

4 Where do you have lunch? ____________

5 How often do you play sports every week? ____________

6 What time is your first lesson in the morning? ____________

7 How many lessons a day do you have? ____________

8 What do you do in your spare time? ____________

9 Do you watch the news on TV regularly? ____________

10 Do you watch TV a lot? ____________

11 Do you go out with your friend on Sunday evening? ____________

12 Do you have breakfast in bed? ____________

2. Suche zu den vorgegebenen Antworten die passenden Fragen.

1 *How many French lessons do you have a week?* ____________

Well, we have three French lessons a week.

2 ____________

Seven. We've got four lessons in the morning and three in the afternoon.

3 ____________

At the school canteen. The meals are very good there.

4 ____________

I walk when the weather is fine and I take the bus when it rains. But I never go by car.

5 ____________

In the evening after supper. I hate doing my homework that late, but I have to.

6 ____________

Well, I don't usually go to bed before 10 o'clock. It depends on the television programme.

1	2	3	4	5
Sagen, was häufig geschieht.	**Sagen, was immer so ist.**	Ein Erlebnis spannend erzählen.	Sagen, wie etwas aussieht, riecht oder schmeckt.	Über **zukünftige** Ereignisse sprechen, die durch einen Fahrplan oder ein Programm geregelt sind.
I get up at six o'clock in the morning.	***I live in Munich.***	*He comes in and drops the plates.*	*It looks good, smells good, but tastes awful.*	*What time does your plane go?*

1 **Situationserklärung:** Wer spricht mit wem, aus welchem Anlass, mit welcher Absicht, wann und wo?

2 **Erklärung des** Bauplans:

I / we *live* *in London.*
My sister *lives* *here too.*
↓
Gegenwartsform des Verbs

3 **Erklärung der Funktion:** Was kann man damit ausdrücken?

Mit dem *simple present* (Gegenwartsform des Verbs) sagen wir, was immer so ist.

4 **Vergleich mit dem Deutschen:**

Das Englische und Deutsche sind hier gleich.

Ich wohne in München.
I live in Munich.

5 **Vergleich mit** anderen Formen im Englischen:

Vorsicht! *Simple present* und *present progressive* haben hier eine völlig unterschiedliche Bedeutung.
I'm living in Munich. (Ich wohne hier vorübergehend.)
I live in Munich. (Ich wohne hier ständig.)

3. Stelle folgende Fragen auf Englisch.

Frage eine Person,

1 wo sie wohnt. *Where do you live?*

2 wo sie arbeitet. ______

3 wie viele Stunden sie pro Woche arbeitet. ______

4 ob ihr die Arbeit Freude macht. ______

5 ob sie mit vielen Leuten zusammenkommt. ______

4. Suche die Fragen zu den Antworten.

1 ______

My father? He works at Siemens.

2 ______

Yes, she does. My mum works part-time in the office of a supermarket.

3 ______

No, she doesn't work at weekends. She works from Monday to Thursday.

4 ______

No, he doesn't. He walks.

5. Übersetze folgende Aussagen ins Englische.

1 Wasser siedet *(to boil)* bei 212 Grad Fahrenheit und gefriert bei 32 Grad Fahrenheit.

2 Die Erde kreist um *(travel round)* die Sonne.

3 Schnee schmilzt *(to melt)* in der Sonne.

4 Krieg löst keine Probleme.

5 Wer zuletzt lacht, lacht am besten.

6 Eine Schwalbe macht noch keinen Sommer.

1	2	3	4	5
Sagen, was häufig geschieht.	Sagen, was immer so ist.	**Ein Erlebnis spannend erzählen.**	Sagen, wie etwas aussieht, riecht oder schmeckt.	Über **zukünftige** Ereignisse sprechen, die durch einen Fahrplan oder ein Programm geregelt sind.
I get up at six o'clock in the morning.	*I live in Munich.*	***He comes in and drops the plates.***	*It looks good, smells good, but tastes awful.*	*What time does your plane go?*

1 Situationserklärung: Wer spricht mit wem, aus welchem Anlass, mit welcher Absicht, wann und wo?

He comes in, stumbles over the cat and drops all the plates.

2 Erklärung des Bauplans:

He	*comes*	*in,*
	stumbles	*and*
	drops	*all the plates*

↓ Gegenwartsform des Verbs

3 Erklärung der Funktion: Was kann man damit ausdrücken?

Das *simple present* verwenden wir auch, wenn wir ein vergangenes Ereignis recht spannend erzählen wollen.

4 Vergleich mit dem Deutschen:

Das Englische und Deutsche sind hier gleich.

Er	kommt	rein,
	stolpert	und
	lässt	alle Teller fallen.

5 Vergleich mit anderen Formen im Englischen:

Man kann hier natürlich auch das *simple past* verwenden.
He came in, stumbled over the cat and dropped all the plates.

6. Erzähle die folgenden Geschichten im *simple present*. Du kannst die unten stehenden Wörter verwenden.

to smell | alarm clock | to ring | sausages | to throw

1

2

3

1 *He takes the camera, moves backwards and falls off the cliff.*

2 ____

____

3 ____

____

1	2	3	4	5
Sagen, was häufig geschieht.	Sagen, was immer so ist.	Ein Erlebnis spannend erzählen.	Sagen, wie etwas aussieht, riecht oder schmeckt.	Über **zukünftige** Ereignisse sprechen, die durch einen Fahrplan oder ein Programm geregelt sind.
I get up at six o'clock in the morning.	*I live in Munich.*	*He comes in and drops the plates.*	*It looks good, smells good, but tastes awful.*	*What time does your plane go?*

1 Situationserklärung: Wer spricht mit wem, aus welchem Anlass, mit welcher Absicht, wann und wo?

It looks good.

It smells good.

But it tastes awful.

2 Erklärung des Bauplans:

It	*looks*	*good,*
	smells	*good,*
but it	*tastes*	*awful.*

↓ Gegenwartsform des Verbs

3 Erklärung der Funktion: Was kann man damit ausdrücken?

Das *simple present* (Gegenwartsform des Verbs) verwenden wir, wenn wir sagen wollen, wie wir etwas wahrnehmen oder empfinden.

4 Vergleich mit dem Deutschen:

Das Englische und Deutsche sind hier gleich.

Es	schaut	gut aus,
	riecht	gut,
aber	schmeckt	scheußlich.

5 Vergleich mit anderen Formen im Englischen:

Vorsicht! Bei den Verben der Wahrnehmung (aussehen, riechen, schmecken, etc.) ist das *present progressive* selten.
* *It's smelling good.* (Falsch!)
Aber: *You're looking good.*

7. **Beschreibe die folgenden Personen.**

1 Er ist 1,90 m groß und wiegt ungefähr *(weighs about)* 80 kg.

____

2 Er sieht fürchterlich *(awful)* in seinen Shorts aus.

____

3 Sie riecht oft nach teurem Parfüm *(perfume)*.

____

4 Er trägt altmodische *(old-fashioned)* Jacken.

____

5 Seine Kleidung riecht nach Zigarrenrauch *(cigar smoke)*.

____

8. **Beschreibe das Essen in dieser Kantine.**

1 Wie ist das Essen in der Kantine?

What's the food like at the canteen?

2 Die Suppe schmeckt eigenartig *(strange)*.

____

3 Das Schokoladeneis schmeckt nach Vanille *(vanilla)*.

____

4 Die Hamburger schmecken abscheulich *(disgusting)*.

____

5 Die Salate schmecken *(to taste)* für mich nach nichts.

____

6 Sie schmecken genau wie Gras.

____

1	2	3	4	5
Sagen, was häufig geschieht.	Sagen, was immer so ist.	Ein Erlebnis spannend erzählen.	Sagen, wie etwas aussieht, riecht oder schmeckt.	**Über zukünftige Ereignisse sprechen, die durch einen Fahrplan oder ein Programm geregelt sind.**
I get up at six o'clock in the morning.	*I live in Munich.*	*He comes in and drops the plates.*	*It looks good, smells good, but tastes awful.*	***What time does your plane go?***

1 Situationserklärung: Wer spricht mit wem, aus welchem Anlass, mit welcher Absicht, wann und wo?

2 Erklärung des Bauplans:

The plane	*goes*	*at half past ten.*
We	*leave*	*at eight o'clock.*

↓ Gegenwartsform des Verbs

3 Erklärung der Funktion: Was kann man damit ausdrücken?

Mit dem *simple present* (Gegenwartsform des Verbs) können wir auch über zukünftige Ereignisse sprechen. Wir sagen, was durch einen Fahrplan oder durch ein Programm geregelt ist.

4 Vergleich mit dem Deutschen:

Das Englische und Deutsche sind hier gleich.

The plane	*goes*	*at half past ten.*
Das Flugzeug	fliegt	um halb elf.

↓ Gegenwartsform des Verbs

9. Beschreibe die folgenden Vorhaben auf Englisch.

1 Das Konzert beginnt um 19.30 Uhr.

The concert starts at half past seven. ______

2 Einlass ist um 18.00 Uhr.

The doors ______

3 Wir treffen uns um 16.00 Uhr am Busbahnhof.

______ *at the bus station.*

4 Der Bus fährt um 16.15 Uhr.

The bus ______

5 Er braucht eine Stunde nach Greenwich.

It ______

6 Er kommt gegen 17.15 an.

______

7 Dann gehen wir etwa 10 Minuten zu Fuß.

Then we ______ *for about* ______

8 Wann ist das Konzert zu Ende?

When ______

9 Es endet ungefähr um 23.00 Uhr.

______

10 Ein Bus bringt uns zurück nach Hause.

______

2 *Present progressive* in drei Funktionen

1	2	3
Sagen, was momentan geschieht.	Sagen, was oftmals geschieht und worüber man sich ärgert.	Sagen, was man fest vereinbart hat.
A: What are you doing? *B: I'm having a shower.*	*You're always telling lies.*	*I'm watching football on television tonight.*

1 Situationserklärung: Wer spricht mit wem, aus welchem Anlass, mit welcher Absicht, wann und wo?

2 Erklärung des Bauplans:

I	*am*	*having*	*a shower.*
He	*is*	*having*	*a shower.*
	↓	↓	
	Form von *be*	Verb + *ing*	

3 Erklärung der Funktion: Was kann man damit ausdrücken?

What are you doing? – I'm having a shower.
Fragen und sagen, was jemand momentan macht.

4 Vergleich mit dem Deutschen:

Ich dusche gerade.
I'm having a shower.
Englisch und Deutsch unterscheiden sich hier **grundlegend!**
Im Deutschen verwendet man die Wörter „gerade, im Augenblick, momentan, soeben“ usw., um auszudrücken, was gerade geschieht.
Im Englischen hingegen hat man dafür eine eigene Form: *be* + Verb + *ing*, die wir *progressive* nennen.

5 Vergleich mit anderen Formen im Englischen:

Vorsicht! *Simple present* und *present progressive* nicht verwechseln!
I'm having a shower. (geschieht momentan)
I always have a shower in the morning. (geschieht regelmäßig)

1. Was machst du gerade? Schreibe die Fragen zu den Antworten bei diesem Telefongespräch auf.

	You	Your partner
1	*What are you doing?*	I'm watching television.
2	______________________	I'm watching tennis.
3	______________________	No, you can't talk to Mary. She's having a bath.
4	______________________	No, dad isn't sleeping. He's just having breakfast.

2. Beschreibe dieses Chaos. Verwende die Wörter aus der Box dafür.

eat • drink • ring • boil over • cry • sit

No, I can't talk to you any longer.

1 The baby is ______________________

2 The milk ______________________

3 The dog ______________________

4 The doorbell ______________________

5 The cat ______________________

6 The budgie ______________________

I'm going crazy.

1	2	3
Sagen, was momentan geschieht.	**Sagen, was oftmals geschieht und worüber man sich ärgert.**	Sagen, was man fest vereinbart hat.
A: What are you doing? *B: I'm having a shower.*	***You're always telling lies.***	*I'm watching football on television tonight.*

1 Situationserklärung: Wer spricht mit wem, aus welchem Anlass, mit welcher Absicht, wann und wo?

2 Erklärung des Bauplans:

You	*are*	*always*	*telling*	*lies.*
He	*is*	*always*	*telling*	*lies.*
	↓	↓	↓	
	Form von *be*	Häufigkeits-angabe	Verb + *ing*	

3 Erklärung der Funktion: Was kann man damit ausdrücken?

You're always telling lies.
Man sagt, was einem bei einer anderen Person nicht passt.
Man sagt, was jemand häufig (zu häufig!) macht.
Aber: *You* ***never*** *make breakfast.*

4 Vergleich mit dem Deutschen:

Du erzählst immer nur Lügen. Du lügst immerzu.
You're always telling lies.
Im Deutschen gibt es keine Verlaufsform.

5 Vergleich mit anderen Formen im Englischen:

Simple present und *present progressive* + ***always*** nicht verwechseln!
He always tells lies. (nüchterne Feststellung)
You're always telling lies. (wütender Vorwurf)

3. Reagiere auf die vorgegebenen Sätze. Verwende das *present progressive* dafür.

1 My scissors are in Tom's room again.

He's always taking my things without asking.

2 What's the matter now?

I don't now, ______________________. (complain)

3 We don't see much of Tom these days.

______________________ somewhere or other. (go out)

4 Oh dear. Where have I put my classes?

______________________. (lose)

5 I'm fed up with the Smiths.

____

(have parties / keep us awake at night)

6 And they never weed *(Unkraut entfernen)* their garden.

____

____

(find weeds / have come under the fence from their garden)

1	2	3
Sagen, was momentan geschieht.	Sagen, was oftmals geschieht und worüber man sich ärgert.	**Sagen, was man fest vereinbart hat.**
A: What are you doing? *B: I'm having a shower.*	*You're always telling lies.*	***I'm watching football on television tonight.***

1 Situationserklärung: Wer spricht mit wem, aus welchem Anlass, mit welcher Absicht, wann und wo?

2 Erklärung des Bauplans:

I	*am*	*giving*	*a party*	*on Saturday night.*
We	*are*	*playing*	*cards*	*on Saturday night.*
He	*is*	*playing*	*cards*	*on Saturday night.*
	↓	↓		↓
	Form von *be*	Verb + *ing*		konkrete Zeitangabe genannt oder gedacht

3 Erklärung der Funktion: Was kann man damit ausdrücken?

I'm giving a party tonight.
Man sagt, was man bereits festgelegt hat. Alle Vorbereitungen sind bereits getroffen. Man spricht also über ein Vorhaben, das bereits arrangiert ist.
Zeitbezug: Zukunft!

4 Vergleich mit dem Deutschen:

Ich gebe Samstagabend eine Party.
Auch im Deutschen wird die Gegenwartsform des Verbs verwendet (geben), wenn wir über ein zukünftiges Ereignis sprechen, das bereits fest geplant wurde.

5 Vergleich mit anderen Formen im Englischen:

Das *present progressive future* nicht verwechseln mit dem *going-to-future!*
I'm going to give a party on Saturday night. (Das habe ich vor.)
I'm giving a party on Saturday night. (Das steht bereits fest.)

4. Fest geplante Vorhaben. Schreibe den Dialog auf Englisch auf.

	Partner A	Partner B
1	Sage, dass du am Samstagabend eine Party gibst *(give a party)*. Frage B, ob er / sie kommen kann.	Bedaure und sage, dass du nicht kannst. Sage, dass du mit Peter Schach spielst *(play chess)*.
2	Sage, dass du heute Abend einige Freunde zum Abendessen eingeladen hast *(have friends round for dinner)*. Frage B, ob er / sie Lust hat, auch zu kommen.	Sage zu, bedanke dich und frage, ob du Liza mitbringen kannst.
3	Bejahe dies.	Bedanke dich.

5. Feste Vorhaben. Ergänze den Dialog auf Englisch.

	Partner A	Partner B
1	Frage B, ob er am Freitag Squash spielt.	Verneine dies. Sage, dass du am Freitagmorgen nach Italien fliegst.
2	Frage B, ob er allein dorthin fliegt oder seinen Bruder mitnimmt.	Sage, dass du mit deinem Onkel zuerst nach Rom fliegst und dann mit dem Zug nach Neapel fährst.
3	Frage, was B in Neapel vor hat.	Sage, dass du es noch nicht weißt.

3 *Simple past* in drei Funktionen

1	2	3
Berichten, was geschehen ist.	Erzählen, wie das früher im Vergleich zu heute war.	Seine Wunschträume beschreiben.
I lost my keys on the bus last night.	*I used to eat a lot when I was a child.*	*I wish I had a car like that.*

1 Situationserklärung:
Wer spricht mit wem, aus welchem Anlass, mit welcher Absicht, wann und wo?

2 Erklärung des Bauplans:

I lost my keys on the bus last night.
So I went to the lost property office this morning.
I got them back. Here they are. Look!
↓
Vergangenheitsform des Verbs

3 Erklärung der Funktion: Was kann man damit ausdrücken?

Wir verwenden das *simple past*, wenn wir über Ereignisse berichten, die in der Vergangenheit stattfanden und abgeschlossen sind. Wir finden diese Zeitform in Zeitungsberichten, in Geschichten und Erzählungen.

4 Vergleich mit dem Deutschen:

Im Deutschen haben wir dafür zwei Möglichkeiten, im Englischen gibt es nur eine:

I lost my keys on the bus last night.
Ich verlor gestern Abend meine Schlüssel im Bus *(Präteritum)*.
Ich habe gestern Abend meine Schlüssel im Bus verloren *(Perfekt)*.

5 Vergleich mit anderen Formen im Englischen:

Das ***simple past*** ohne Zeitangabe darf hier nicht mit dem ***present perfect*** verwechselt werden, zumal dies etwas völlig anderes bedeuten würde:
*I **lost** my keys.* (Ich habe sie jetzt wieder / und habe sie nie wieder gefunden.)
*I **have lost** my keys.* (Ich habe sie immer noch nicht.)

1. Erzähle die folgenden Ereignisse auf Englisch.

1 Ich verließ das Büro gegen fünf Uhr.

I left the office around five o'clock.

2 Ich nahm ein Taxi zum Stadtzentrum, weil ich noch etwas zum Abendessen einkaufen wollte.

____

3 Ich stieg in der Nähe des Bahnhofs aus *(get off)*.

____

4 Zuerst kaufte ich etwas Käse und dann ging ich in einen Supermarkt.

____

5 Danach trank ich eine Tasse Tee.

____

6 Um 7.00 Uhr rief ich meine Freundin Sarah an.

____

2. Frage nach den unterstrichenen Satzteilen.

1 Barbara left the house <u>at eight o'clock</u>.

When did she leave the house?

2 On her way to the bus station she met <u>Jason</u>.

____

3 Jason told her <u>that he has a weekend job now</u>.

____

4 Barbara and Jason went <u>into a cafeteria</u>.

____

5 They stayed there <u>for nearly an hour</u>.

____

6 Their teacher was very angry with them <u>because they were late for school</u>.

____

1	2	3
Berichten, was geschehen ist.	**Erzählen, wie das früher im Vergleich zu heute war.**	Seine Wunschträume beschreiben.
I lost my keys on the bus last night.	***I used to eat a lot when I was a child.***	*I wish I had a car like that.*

1 Situationserklärung: Wer spricht mit wem, aus welchem Anlass, mit welcher Absicht, wann und wo?

2 Erklärung des Bauplans:

I — *used to eat* — *a lot.*

used to eat ↓ Vergangenheitsform des Verbs + Infinitiv

3 Erklärung der Funktion: Was kann man damit ausdrücken?

Wir verwenden das *simple past*, wenn wir über frühere Gewohnheiten berichten oder einfach erzählen, was früher anders war als heute.

4 Vergleich mit dem Deutschen:

Da *used to* eine idiomatische Form ist, musst du sie auswendig lernen. Im Deutschen sagst du z. B. „früher" dafür.
Als Kind habe ich viel gegessen.
I used to eat a lot when I was a child.
Auch: *I ate a lot when I was a child.*

5 Vergleich mit anderen Formen im Englischen:

Vergleiche die beiden folgenden Sätze:
Peter played cards a lot when he was a student.
(Hier wird berichtet, was Peter in der Vergangenheit oftmals tat.)
He used to play cards a lot when he was a student.
(Man berichtet, was er früher getan hat, jetzt aber nicht mehr tut.)

3. Wie war es früher? Beantworte die folgenden Fragen auf Englisch.

1 Did you use to cry a lot when you were a baby?
Yes, I did. / No I didn't. / I can't remember.

2 Who used to take you out when you were little?
____

3 Who used to take you to kindergarten?
____

4 Who used to play with you when you were little?
____

5 Which toys did you use to play with?
____

4. Was hat sich alles in den letzten Jahren verändert?

	When I was younger …	But now …
1	the water used to be so dirty.	*you can drink it again.*
2	my dad used to run five miles every day.	____________________
3	our small town used to be a quiet place.	____________________
4	I used to be afraid of dogs.	____________________
5	I didn't use to like rap music.	____________________
6	I didn't use to read books.	____________________

1	2	3
Berichten, was geschehen ist.	Erzählen, wie das früher im Vergleich zu heute war.	**Seine Wunschträume beschreiben.**
I lost my keys on the bus last night.	*I used to eat a lot when I was a child.*	***I wish I had a car like that.***

1 Situationserklärung: Wer spricht mit wem, aus welchem Anlass, mit welcher Absicht, wann und wo?

2 Erklärung des Bauplans:

I wish I **had** *a car like that.*
↓
Vergangenheitsform des Verbs

3 Erklärung der Funktion: Was kann man damit ausdrücken?

Mit dem *simple past* und dem Wort *wish* drückt man seine Wünsche aus, die leider nicht so leicht in Erfüllung gehen. Diese Wünsche beziehen sich allerdings auf die Gegenwart.

4 Vergleich mit dem Deutschen:

Deutsch und Englisch sind hier etwas verschieden.

Ich	wünschte,	ich	hätte	so ein Auto
I	*wish*	*I*	*had*	*a car like that.*

5 Vorsicht! Fehlerfalle!

* *I wish I would have a car like that.* (Falsch!)
Richtig: *I wish I had a car like that.*

5. Teile deine Wünsche einer Zauberfee auf Englisch mit. Schau die Zeichnungen an und schreibe deinen Wunsch hinter den entsprechenden Anfang.

I wish I had *a nice boyfriend / girlfriend.*

____

____

I wish I was ______________________________

____

____

I wish I didn't have to ______________________________

____

____

4 *Past progressive* in drei Funktionen

1	2	3
Sagen, was sich zu einem bestimmten Zeitpunkt in der Vergangenheit ereignete.	Sagen, dass eine Handlung plötzlich von einer anderen unterbrochen wurde.	Sagen, was zur gleichen Zeit geschah.
What were you doing last night at seven o'clock? I was repairing my car.	*I was watching television when the lights went out.*	*Our baby was crying and Mabel was practising the violin.*

1 Situationserklärung: Wer spricht mit wem, aus welchem Anlass, mit welcher Absicht, wann und wo?

2 Erklärung des Bauplans:

I — *was* ↓ Vergangenheitsform von *be* — *repairing* ↓ *ing*-Form des Verbs — *my car.*

3 Erklärung der Funktion: Was kann man damit ausdrücken?

Mit dem *past progressive* wird ausgedrückt, was jemand zu einer bestimmten Zeit getan hat.

4 Vergleich mit dem Deutschen:

Im Deutschen verwenden wir das Wort „gerade", um auszudrücken, dass etwas zu einem bestimmten Zeitpunkt geschah.
Was haben Sie gestern Abend um 7 Uhr gemacht?
Ich war **gerade** dabei, mein Auto zu reparieren.

5 Vergleich mit anderen Formen im Englischen:

Hier muss man auf den Unterschied zwischen dem *simple past* und dem *past progressive* achten, da die Zeitformen unterschiedliche Sachverhalte beschreiben:

Past progressive
When I got home, my husband was repairing his car.
Als ich nach Hause kam, war mein Mann gerade dabei, sein Auto zu reparieren.

Simple past
When I got home, my husband repaired his car.
Als ich nach Hause kam, begann mein Mann, sein Auto zu reparieren.

1. **Was hast du zu einer bestimmten Uhrzeit getan? Drücke es auf Englisch aus.**

1 What were you doing at one o'clock last night?

I was chatting on the Internet.

2 What were you doing yesterday at seven p.m.?

___

3 What was your mother doing at seven a.m.?

___

4 What was your father doing on Monday afternoon?

___

5 What were your sisters doing at five p.m.?

___

6 What were you doing this time yesterday?

___

2. Stelle Fragen im *past progressive*.

1 Your phone was engaged for hours last night.

Who ___

2 There was a nice smell of food coming from your flat yesterday evening.

What ___

3 You go out with a different girl every month, or so it seems to me.

Who ___

when you started your job at the pub?

4 Jill is always copying from other people's tests.

Whose ___

when Mrs Gough caught her in the maths test?

5 You've got two cars, haven't you?

Which ___

when the accident happened?

1	2	3
Sagen, was sich zu einem bestimmten Zeitpunkt in der Vergangenheit ereignete.	**Sagen, dass eine Handlung plötzlich von einer anderen unterbrochen wurde.**	Sagen, was zur gleichen Zeit geschah.
What were you doing last night at seven o'clock? I was repairing my car.	***I was watching television when the lights went out.***	*Our baby was crying and Mabel was practising the violin.*

1 Situationserklärung: Wer spricht mit wem, aus welchem Anlass, mit welcher Absicht, wann und wo?

I was watching television when the lights went out.

2 Erklärung des Bauplans:

I was watching television when the lights went out.

was watching → *past progressive* + *went* → *simple past*

3 Erklärung der Funktion: Was kann man damit ausdrücken?

Wenn man erzählen möchte, bei welcher Tätigkeit man plötzlich gestört wurde, braucht man das *past progressive* und das *simple past*. Dabei verwendet man das *past progressive* für die bereits länger andauernde Handlung *(was watching television)* und das *simple past* für das plötzlich eintretende Ereignis *(the lights went out)*.

4 Vergleich mit dem Deutschen:

Im Deutschen verwenden wir im Satzteil mit der bereits länger andauernden Handlung wiederum das Wort „gerade".

I	*was watching television*	*when the lights went out.*
Ich	sah **gerade** fern,	als das Licht ausging.

5 Vergleich mit anderen Formen im Englischen:

Die folgenden Sätze haben alle die gleiche Bedeutung:
I was watching television when the lights went out.
While I was watching television the lights went out.
The lights went out while I was watching television.

3. Was machten diese Leute gerade, als die Lichter plötzlich ausgingen? Schreibe es, wie im Beispiel vorgegeben, auf.

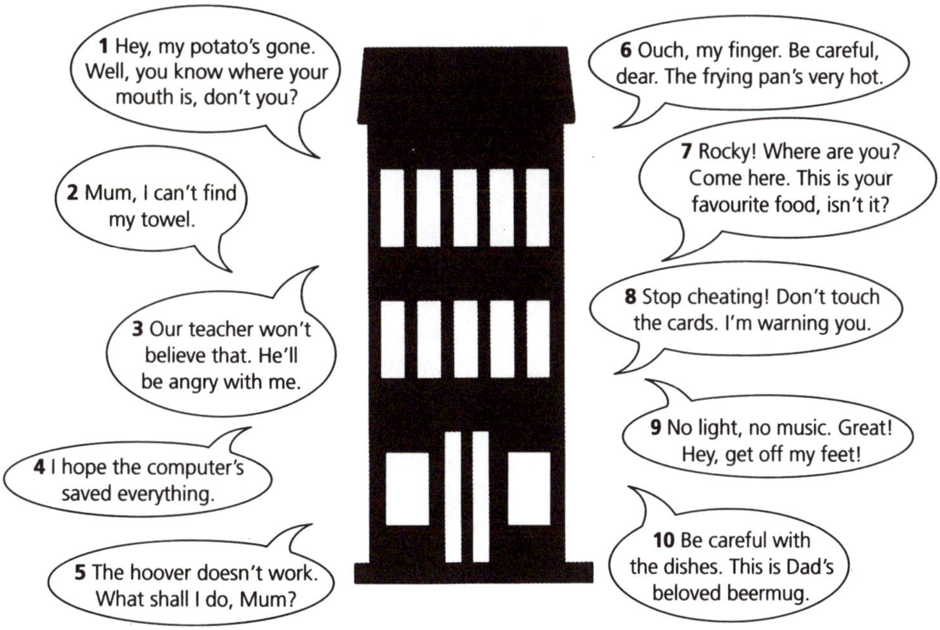

1 The Blake family *They were having dinner when the lights suddenly went out.*

2 Jane ______________________________

3 Peter ______________________________

4 Mr Penner ______________________________

5 Richard ______________________________

6 Mr and Mrs Smith ______________________________

7 Ms Mills ______________________________

8 The Glosters ______________________________

9 Pete and friends ______________________________

10 Mrs Garner and her daughter ______________________________

1	2	3
Sagen, was sich zu einem bestimmten Zeitpunkt in der Vergangenheit ereignete.	Sagen, dass eine Handlung plötzlich von einer anderen unterbrochen wurde.	**Sagen, was zur gleichen Zeit geschah.**
What were you doing last night at seven o'clock? I was repairing my car.	*I was watching television when the lights went out.*	***Our baby was crying and Mabel was practising the violin.***

1 Situationserklärung:
Wer spricht mit wem, aus welchem Anlass, mit welcher Absicht, wann und wo?

2 Erklärung des Bauplans:

Our baby	*was crying*	*and Sally*	*was skipping.*
	↓		↓
	past progressive	+	*past progressive*

3 Erklärung der Funktion: Was kann man damit ausdrücken?
Wenn man über Handlungen sprechen möchte, die zur selben Zeit abliefen, dann verwendet man ebenfalls das *past progressive*.

4 Vergleich mit dem Deutschen:
Im Deutschen ist der Zusatz „während" notwendig, wenn man den Sachverhalt der Gleichzeitigkeit genau beschreiben möchte:
Während das Baby schrie und Mike auf dem Trampolin herumtollte, hüpfte Sally Seil und Mabel übte auf der Geige.

5 Vergleich mit anderen Formen im Englischen:
Simple past: **Handlungen, die nacheinander abliefen**
Our baby cried. Mike jumped on the trampoline.
Sally skipped. Mabel practised the violin.
Past progressive: **Handlungen, die zur selben Zeit abliefen**
Our baby was crying, Mike was jumping on the trampoline,
Sally was skipping and Mabel was practising the violin.

4. Wie gut ist dein Gedächtnis? Schau das Bild eine Minute lang an, decke es dann ab und beantworte die Fragen.

1 What were the children on the towel doing?

____

2 What were the old people doing?

____

3 And what were the dogs doing?

____

4 What were the men selling?

____

5 *Present perfect* in sechs Funktionen

1	2	3	4	5	6
Sagen, was man bereits erledigt hat.	Sagen, was man bereits erlebt oder noch nicht erlebt hat.	Sagen, wie lange etwas schon so ist.	Sagen, was soeben geschah.	Sagen, was in einem bestimmten Zeitraum noch nicht geschah.	Sagen, was geschehen kann, sobald eine Bedingung erfüllt ist.
I've finished the letter.	*I've been to every country in Europe.*	*I've had this computer for five years.*	*She's just left the office.*	*I haven't seen John today / this week / month / year.*	*You must visit us as soon as we have moved into our new house.*

1 Situationserklärung: Wer spricht mit wem, aus welchem Anlass, mit welcher Absicht, wann und wo?

2 Erklärung des Bauplans:

I	*have*	*finished*	*the letter.*
She	*has*	*finished*	*the letter.*
	↓	↓	
	Form von *have*	Verb der 3. Spalte *(past participle)*	

3 Erklärung der Funktion: Was kann man damit ausdrücken?

I have finished the letter.
Sagen, dass man etwas erledigt hat / mit etwas fertig ist.

4 Vergleich mit dem Deutschen:

Ich habe den Brief beendet.
I've finished the letter.
Deutsch und Englisch sind hier ähnlich.

5 Vergleich mit anderen Formen im Englischen:

Vorsicht! *Simple past* und *present perfect* nicht verwechseln!
I finished the letter last night. (***simple past*** + Zeitangabe)
(Es wird ausgesagt, wann der Brief fertig war.)
I've finished the letter. (***present perfect*** ohne Zeitangabe)
(Es wird ausgesagt, dass der Brief fertig ist.)

1. Ordne die Antworten den passenden Fragen zu.

1 Have you finished the letter to Mr Smith? ☐

2 Have you phoned Mr Black? ☐

3 I haven't answered Mr Hunt's letter yet.
Could you do that for me please? ☐

4 Have you booked a room for me at the Plaza in London? ☐

a Yes, certainly.

b Yes, I have. For three nights, okay?

c No, I haven't done that yet. I can't find his telephone number.

d Yes, I have. But I haven't posted it yet.

2. Bob ist Automechaniker und hat viel zu tun. Ergänze die fehlenden Verbformen.

repair | change | wash | fill up | check | replace

1 I *haven't changed* the tyres of the lorry yet. I can't do that alone. Somebody will have to help me.

2 I ______________ the battery yet. I must do that soon.

3 I ______________ the oil yet. Can you do that for me? It might be okay.

4 I ______________ Mrs White's Rover with petrol. I'll do that straight away.

5 I ______________ the Mini yet. I'll do that in the afternoon. It's so dirty.

6 I ______________ the headlights of the Jaguar yet. Perhaps somebody else could do that for me.

1	2	3	4	5	6
Sagen, was man bereits erledigt hat.	**Sagen, was man bereits erlebt oder noch nicht erlebt hat.**	Sagen, wie lange etwas schon so ist.	Sagen, was soeben geschah.	Sagen, was in einem bestimmten Zeitraum noch nicht geschah.	Sagen, was geschehen kann, sobald eine Bedingung erfüllt ist.
I've finished the letter.	***I've been to every country in Europe.***	*I've had this computer for five years.*	*She's just left the office.*	*I haven't seen John today / this week / month / year.*	*You must visit us as soon as we have moved into our new house.*

1 Situationserklärung: Wer spricht mit wem, aus welchem Anlass, mit welcher Absicht, wann und wo?

2 Erklärung des Bauplans:

I	*have*	*been*	*to every country in Europe.*
He	*has*	*been*	*to every country in Europe.*
	↓	↓	
	Form von *have*	Verb der 3. Spalte *(past participle)*	

3 Erklärung der Funktion: Was kann man damit ausdrücken?

I've been to every country in Europe.
Sagen, was man schon erlebt / gesehen hat (der genaue Zeitpunkt spielt keine Rolle) oder, was man bis heute noch nicht erlebt hat: *I haven't been to India yet.*

4 Vergleich mit dem Deutschen:

a) Ich war schon in allen europäischen Ländern.
b) Ich bin schon in allen europäischen Ländern gewesen.
I've been to every country in Europe.
Im Deutschen gibt es zwei Möglichkeiten den Sachverhalt auszudrücken (a und b), im Englischen hingegen nur eine.

5 Vergleich mit anderen Formen im Englischen:

Vorsicht! *Simple past* und *present perfect* nicht verwechseln!
I went to Italy last summer. (***simple past*** + Zeitangabe)
(Er sagt, zu welcher Zeit er in Italien war.)
I've been to Italy. (***present perfect*** ohne Zeitangabe)
(Er sagt, dass er schon einmal in Italien war.
Wann das genau war, spielt keine Rolle.)

3. Schreibe den Dialog auf Englisch auf.

	Partner A	Partner B
1	Frage B, ob er schon einmal mit einer Boeing 747 geflogen ist *(be on board a Boeing 747)*	Sage, dass du schon mehrere Male mit einer 747 nach Amerika geflogen bist *(fly on a 747)*.
2	Sage, dass du noch nie in Amerika gewesen bist, aber schon in vielen europäischen Ländern.	Frage, welches Land er am meisten mag.
3	Sage, dass du darüber noch nie nachgedacht *(think about)* hast.	Sage, dass du noch nie in Griechenland warst und dass du im Urlaub dort hinfahren wirst.

4. Führe dieses Gespräch auf Englisch.

	Partner A	Partner B
1	Frage B, ob er schon einmal Urlaub in einem Wohnmobil *(motor caravan)* gemacht hat.	Verneine das und frage A, ob er dies schon einmal gemacht hat.
2	Sage, dass du letztes Jahr mit einem Wohnmobil in Norwegen warst.	Frage nach, ob es ihm gefallen hat.
3	Sage, dass es großartig war und dass du dieses Jahr wieder dort hinfährst.	Sage, dass du noch nie ein Wohnmobil gefahren hast.

1	2	3	4	5	6
Sagen, was man bereits erledigt hat.	Sagen, was man bereits erlebt oder noch nicht erlebt hat.	**Sagen, wie lange etwas schon so ist.**	Sagen, was soeben geschah.	Sagen, was in einem bestimmten Zeitraum noch nicht geschah.	Sagen, was geschehen kann, sobald eine Bedingung erfüllt ist.
I've finished the letter.	*I've been to every country in Europe.*	***I've had this computer for five years.***	*She's just left the office.*	*I haven't seen John today / this week / month / year.*	*You must visit us as soon as we have moved into our new house.*

1 Situationserklärung: Wer spricht mit wem, aus welchem Anlass, mit welcher Absicht, wann und wo?

2 Erklärung des Bauplans:

I	*have*	*had*	*this computer for five years.*
She	*has*	*had*	*this computer for five years.*
	↓	↓	
	Form von *have*	Verb der 3. Spalte *(past participle)*	

3 Erklärung der Funktion: Was kann man damit ausdrücken?

I've had this computer for five years.
Sie sagt, **wie lange** sie den Computer **schon** hat.
Signalwörter: *for five years* – schon fünf Jahre

4 Vergleich mit dem Deutschen:

Ich habe diesen Computer schon fünf Jahre.
Im Deutschen verwenden wir die Gegenwartsform des Verbs (haben). Im Englischen geht das nicht! Man darf auf keinen Fall sagen: * *I have this computer for five years.* (Falsch!)

5 Vergleich mit anderen Formen im Englischen:

Vorsicht! *Simple past* und *present perfect* nicht verwechseln!
I had a computer for five years.
(Ich habe jetzt keinen mehr.)
I've had a computer for five years.
(Ich habe ihn noch immer.)

5. **Wie lange kennst du deine Freundin, deinen Freund schon? Beantworte die Fragen auf Englisch. Verwende dabei die angegebenen Informationen.**

1 How long have you known your girlfriend / boyfriend?

____

Sage, dass es ungefähr drei Jahre sein dürften.

2 Have you ever argued with each other since you met?

____

Sage, dass ihr euch seitdem noch nie gestritten habt.

3 Have you ever met a girl / a boy like her / him before?

____

Sage, dass du nie ein Mädchen / einen Jungen wie sie / ihn gekannt hast.

6. **Wie lange hast du es schon? Beantworte die Fragen auf Englisch.**

1 How long have you had your pet? *I've had it for five years.*

2 How long have you had your bicycle? ____________________

3 How long have you been at your school? ____________________

4 How long have you lived in your town? ____________________

5 How long have you owned your computer? ____________________

1	2	3	4	5	6
Sagen, was man bereits erledigt hat.	Sagen, was man bereits erlebt oder noch nicht erlebt hat.	Sagen, wie lange etwas schon so ist.	**Sagen, was soeben geschah.**	Sagen, was in einem bestimmten Zeitraum noch nicht geschah.	Sagen, was geschehen kann, sobald eine Bedingung erfüllt ist.
I've finished the letter.	*I've been to every country in Europe.*	*I've had this computer for five years.*	***She's just left the office.***	*I haven't seen John today / this week / month / year.*	*You must visit us as soon as we have moved into our new house.*

1 Situationserklärung: Wer spricht mit wem, aus welchem Anlass, mit welcher Absicht, wann und wo?

2 Erklärung des Bauplans:

She *has* *just* *left* *the office.*

has ↓ Form von *have*

left ↓ Verb der 3. Spalte *(past participle)*

3 Erklärung der Funktion: Was kann man damit ausdrücken?

Sie sagt, was **soeben** geschah, was sich **soeben** ereignet hat.
Signalwörter: gerade, soeben, vor einer Sekunde, etc.

4 Vergleich mit dem Deutschen:

Sie hat soeben das Büro verlassen.
Sie verließ gerade das Büro.
She has just left the office.

5 Vergleich mit anderen Formen im Englischen:

Im heutigen Englisch kann man diesen Sachverhalt sowohl mit dem *simple past* als auch mit dem *present perfect* ausdrücken:
She just left the office. (eher im AE)
She's just left the office. (eher im BE)

7. **Mr. Smith ist gerade gegangen. Vervollständige die Unterhaltung.**

1 Excuse me, could I talk to Mr Smith please?

___

Bedaure dies und sage, dass Mr. Smith gerade die Werkstatt *(garage)* verlassen hat.

2 Could I bring my car? There's something wrong with the engine.

___

Bedaure dies und sage, dass die Werkstatt soeben geschlossen wurde.

3 What shall I do? I need the car tomorrow.

___

Bedaure sehr, dass du nicht helfen kannst.

8. **Zu spät am Bahnhof und der Zug ist weg. Reagiere auf Englisch.**

1 I'm in a hurry. I'd like a return ticket to Brighton, please.

___

Sage, dass der Zug nach Brighton soeben abgefahren ist.

2 Is there a bus connection to Brighton?

___

Bejahe dies und sage, dass der Bus Nr. 12 soeben am Bahnhof angekommen ist.

3 Thank you very much.

___

Reagiere auf den Dank.

1	2	3	4	5	6
Sagen, was man bereits erledigt hat.	Sagen, was man bereits erlebt oder noch nicht erlebt hat.	Sagen, wie lange etwas schon so ist.	Sagen, was soeben geschah.	**Sagen, was in einem bestimmten Zeitraum noch nicht geschah.**	Sagen, was geschehen kann, sobald eine Bedingung erfüllt ist.
I've finished the letter.	*I've been to every country in Europe.*	*I've had this computer for five years.*	*She's just left the office.*	***I haven't seen John today / this week / month / year.***	*You must visit us as soon as we have moved into our new house.*

1 **Situationserklärung:** Wer spricht mit wem, aus welchem Anlass, mit welcher Absicht, wann und wo?

2 **Erklärung des Bauplans:**

I	*haven't*	*seen*	*her today / this week.*
He	*hasn't*	*seen*	*her today / this week.*
	↓	↓	
	Form von *have + not*	Verb der 3. Spalte *(past participle)*	

3 **Erklärung der Funktion:** Was kann man damit ausdrücken?

Er sagt, was im Verlaufe des Tages noch nicht geschehen ist (der Tag ist noch nicht vorbei).

4 **Vergleich mit dem Deutschen:**

Ich habe sie heute noch nicht gesehen.
Ich sah sie heute noch nicht.
I haven't seen her today.

5 **Vergleich mit anderen Formen im Englischen:**

Im heutigen Englisch kann man diesen Sachverhalt entweder mit dem *simple past* oder mit dem *present perfect* ausdrücken:
I didn't see her today. (eher im AE)
I haven't seen her today. (eher im BE)

9. **Großmutter beschwert sich. Schreibe ihre Beschwerden auf Englisch auf.**

1 Sie hat in dieser Woche noch keinen Brief bekommen.

I haven't received a letter this week.

2 Niemand hat sie diese Woche angerufen *(to call)*.

3 Sie hat den ganzen Tag noch mit niemandem gesprochen.

4 Niemand hat sie in diesem Jahr eingeladen.

5 Heute hat ihr noch niemand die Zeitung gebracht.

6 In diesem Monat hat sie noch niemand ausgeführt *(to take out)*. Sie hat niemand, mit dem sie sprechen kann.

10. **Mr. Fowler ist diese Woche faul gewesen. Von den Aufgaben auf der Liste hat er noch keine erledigt. Drücke dies auf Englisch aus.**

1 Mend the fence.
2 Tidy the shed.
3 Take the cat to the vet.
4 Clean the car.
5 Cut the grass.

1 *He hasn't mended the fence.*
2
3
4
5

1	2	3	4	5	6
Sagen, was man bereits erledigt hat.	Sagen, was man bereits erlebt oder noch nicht erlebt hat.	Sagen, wie lange etwas schon so ist.	Sagen, was soeben geschah.	Sagen, was in einem bestimmten Zeitraum noch nicht geschah.	**Sagen, was geschehen kann, sobald eine Bedingung erfüllt ist.**
I've finished the letter.	*I've been to every country in Europe.*	*I've had this computer for five years.*	*She's just left the office.*	*I haven't seen John today / this week / month / year.*	***You must visit us as soon as we have moved into our new house.***

1 Situationserklärung: Wer spricht mit wem, aus welchem Anlass, mit welcher Absicht, wann und wo?

2 Erklärung des Bauplans:

You must visit us as soon as

we *have* → Form von *have* *moved* → Verb der 3. Spalte *(past participle)* *into our new house.*

3 Erklärung der Funktion: Was kann man damit ausdrücken?

Er sagt, was jemand tun sollte (einen Besuch abstatten), sobald eine bestimmte Bedingung erfüllt ist (nach dem Einzug in das neue Haus). **Zeitbezug: Zukunft!**

4 Vergleich mit dem Deutschen:

Du musst uns besuchen, sobald wir in unser neues Haus eingezogen sind.
You must visit us as soon as we have moved into our new house.

5 Vergleich mit anderen Formen im Englischen:

Das *present perfect* darf hier nicht mit dem *will-future* verwechselt werden. Auf keinen Fall darf man sagen:
* *You must visit us as soon as we will have moved into our new house.*

11. **Zeige dich hilfsbereit und drücke dies auf Englisch aus.**

1 Can you help me with the dishes please?

____

Sage, dass du es tun kannst, sobald du den Rasen gemäht *(cut the lawn)* hast.

2 Could you do the shopping later on?

____

Sage, dass du es tun kannst, sobald der Einkaufszettel *(shopping list)* fertig ist.

3 May I go to the pictures tonight?

____

Sage, dass er das Haus nicht verlassen darf, bevor er nicht sein Zimmer aufgeräumt hat.

12. **Du kannst gehen, sobald du mit dieser Übung fertig bist.**

1 May I leave early today.

____

Sage, dass er / sie gehen kann, sobald er / sie den Brief an Mr. Scott getippt *(to type)* hat.

2 I've done that already.

____

Frage nach, ob er / sie ihn auch durchgeschaut *(to check)* hat.

3 No, I haven't. But I'll do that as soon as I've phoned home to say I'm coming home early.

____

Sage, dass dies in Ordnung sei und bedanke dich.

6 *Present perfect progressive* in zwei Funktionen

1	2
Sagen, dass etwas immer noch andauert.	Sagen, was man soeben beendet hat.
I've been waiting for three hours.	*A: You look hot.* *B: Yes, I've been jogging.*

1 Situationserklärung: Wer spricht mit wem, aus welchem Anlass, mit welcher Absicht, wann und wo?

2 Erklärung des Bauplans:

I *have been waiting* *for three hours.*

↓ ↓ ↓

have + *been* + Verb + *ing*

3 Erklärung der Funktion: Was kann man damit ausdrücken?

Mit dem *present perfect progressive* betonen wir den Verlauf und die Dauer einer Handlung.

4 Vergleich mit dem Deutschen:

I *'ve been waiting* *for three hours.*

Ich warte schon seit drei Stunden.

↓ ↓

Gegenwartsform des Verbs + schon

5 Vergleich mit anderen Formen im Englischen:

Das *present perfect* und das *present perfect progressive* haben oftmals eindeutig unterschiedliche Bedeutungen.
I've been waiting for three hours. (Ich warte immer noch.)
I've waited for three hours. (Ich warte nicht mehr länger. Ich gehe nach Hause.)

1. Entscheide, ob die folgenden Aktivitäten bereits beendet sind oder noch andauern.

	activities	finished	not finished
1	She's been watching cricket on television.	☐	☐
2	It's been snowing since Tuesday.	☐	☐
3	I've been learning French at school for two years now.	☐	☐
4	I've waited for three hours.	☐	☐
5	It's been raining all day.	☐	☐
6	I've been selling tickets since I was a child.	☐	☐
7	I've painted the wall.	☐	☐
8	She's typed all the letters.	☐	☐
9	I've sold my old car.	☐	☐
10	He's been decorating the living room for three hours / since much time.	☐	☐

2. Sage, wie lange die Person schon etwas tut und dass sie damit aufhören soll.

1 Deine Freundin liest bereits seit fünf Stunden ein Buch. Du möchtest, dass sie damit aufhört, weil du zu Abend essen möchtest.

You've been reading for five hours. Let's have supper.

2 Du wartest auf deine Freundin nun schon seit zwei Stunden. Sage, dass dies genug sei und du jetzt nach Hause gehst.

____

3 Sage deinem Freund, dass er seit fünf Stunden fährt. Sage ihm, dass dies genug sei und dass ihr eine Pause machen wollt.

____

4 Sage, dass ihr jetzt schon seit zwei Stunden Ansichtskarten schreibt. Schlage vor, zum Schwimmen zu gehen.

____

1	2
Sagen, dass etwas immer noch andauert.	**Sagen, was man soeben beendet hat.**
I've been waiting for three hours.	***A: You look hot.*** ***B: Yes, I've been jogging.***

1 Situationserklärung:
Wer spricht mit wem, aus welchem Anlass, mit welcher Absicht, wann und wo?

2 Erklärung des Bauplans:

I *have been jogging.*
↓ ↓ ↓
have + *been* + Verb + *ing*

3 Erklärung der Funktion: Was kann man damit ausdrücken?

Mit dem *present perfect progressive* weisen wir auf etwas hin, was wir soeben beendet haben. Dabei sind die Anzeichen noch deutlich zu erkennen (der Mann schwitzt).

4 Vergleich mit dem Deutschen:

I 've been jogging.

Ich komme gerade vom Joggen.
Ich komme soeben vom Joggen.
↓ ↓
Gegenwartsform des Verbs + soeben / gerade

3. Schreibe kurze Dialoge zu den beschriebenen Situationen.

1 A sagt, dass B schmutzig aussieht.

B sagt, dass er im Garten gearbeitet hat.

You look dirty. – I've been working in the garden.

2 A sagt, dass B sehr müde aussieht.

B sagt, dass er den Keller sauber gemacht hat.

3 A fragt B, warum dessen Haare nass sind.

B antwortet, dass er gerade vom Schwimmen kommt.

4 A sagt B, dass sie schön braun ist *(have got a suntan)*.

B sagt, dass sie in Österreich Ski gefahren ist.

5 A sagt, dass B sich sehr verspätet hat.

B sagt, dass er gerade vom Einkaufen kommt.

6 A fragt B, warum sie so böse schaut.

B sagt, dass sie soeben drei Stunden Geschirr gespült hat.

7 A sagt B, dass dessen Hände sehr *(badly)* zerkratzt *(scratched)* sind und fragt, was er gemacht hat.

B sagt, dass er mit der Katze gespielt hat.

7 *Past perfect* in zwei Funktionen

1	2
Sagen, in welcher Reihenfolge sich etwas ereignete.	Über etwas berichten, was jemand sagte.
After he had tried on twenty pairs of shoes, he left the shop.	*Fred told me that he had bought a new car.*

1 Situationserklärung: Wer spricht mit wem, aus welchem Anlass, mit welcher Absicht, wann und wo?

After he had tried on twenty pairs of shoes, he left the shop.

2 Erklärung des Bauplans:

After he	*had tried* ↓ ↓ *had + past participle*	*on twenty pairs of shoes,*
he	*left* ↓ Vergangenheitsform des Verbs	*the shop.*

3 Erklärung der Funktion: Was kann man damit ausdrücken?

Mit dem *past perfect* erzählt man, was zuerst geschah. Mit dem *simple past* sagt man, was anschließend geschah. Mit dem *past perfect* und dem *simple past* legt man also die Reihenfolge der vergangenen Ereignisse fest.

4 Vergleich mit dem Deutschen:

Das Deutsche und das Englische sind hier ziemlich gleich.
*After he **had tried** on twenty pairs of shoes, he **left** the shop.*
Nachdem er zwanzig Paar Schuhe **anprobiert hatte, verließ** er den Laden.

5 Vergleich mit anderen Formen im Englischen:

Die Reihenfolge vergangener Ereignisse kann man sehr unterschiedlich zum Ausdruck bringen:

a) *He **tried** on twenty pairs of shoes. After that he **left** the shop.* (zweimal ***simple past***)
b) *After he **had tried** on twenty pairs of shoes, he **left** the shop.* (***past perfect*** und ***simple past***)
c) *He **left** the shop, he **had tried** on twenty pairs of shoes.* (***simple past*** und ***past perfect***)
d) *First he **tried** on twenty pairs of shoes and then he **left** the shop.* (zweimal ***simple past***)

1. Welches Ereignis liegt weiter zurück? Schreibe vor das weiter zurückliegende Ereignis eine 1 und vor das weniger weit zurückliegende eine 2.

1 [2] He didn't want to see that film. [1] He had seen it before.

2 [ ] My brother had forgotten to post the invitation cards for my party.
[ ] So nobody came.

3 [ ] I remembered her at once. [ ] I had seen her somewhere before.

4 [ ] He hadn't checked the oil for a long time. [ ] So the car broke down.

5 [ ] When we came home we realized [ ] that someone had broken the window.

6 [ ] I was very upset [ ] because Bob hadn't telephoned.

7 [ ] The lesson had already started [ ] when I arrived.

8 [ ] When I arrived at the station [ ] the train had already gone.

9 [ ] After Mary had done all her shopping [ ] she had a cup of tea.

10 [ ] Before she left the house [ ] she had talked to her mother on the phone.

2. Verbinde die folgenden Satzpaare mit *when* oder *after*.

1 I wrote a letter to my penfriend. Then I watched television for an hour.
After I had written a letter to my penfriend I watched television for an hour.

2 I finished the letter. Then I went to the post office and posted it.

3 I posted the letter. My wife and I went to a restaurant.

4 I lost my keys. I realized that when we got to the car park.

5 They closed the restaurant. We got there half an hour later.

6 I rang the owner up from a phone box. He appeared at a window above.

7 The owner opened the window. He threw my keys onto the pavement.

8 I picked them up. We went back to the car park.

9 We arrived at the car park ten minutes later. My wife showed me her spare keys.

1	2
Sagen, in welcher Reihenfolge sich etwas ereignete.	**Über etwas berichten, was jemand sagte.**
After he had tried on twenty pairs of shoes, he left the shop.	***Fred told me that he had bought a new car.***

1 Situationserklärung: Wer spricht mit wem, aus welchem Anlass, mit welcher Absicht, wann und wo?

2 Erklärung des Bauplans:

Fred *told* *me that he* *had bought* *a new car.*

told ↓ *simple past*

had bought ↓ *past perfect*

3 Erklärung der Funktion: Was kann man damit ausdrücken?

Das *past perfect* braucht man, um berichten zu können, was jemand erzählt hat.
Das, wovon er erzählte, war zum Zeitpunkt des Sprechens allerdings bereits vorbei.

4 Vergleich mit dem Deutschen:

Das Deutsche und das Englische sind hier nicht ganz gleich.
*Fred told me that he **had bought** a new car.*
Fred erzählte mir, dass er ein neues Auto **gekauft hat**.

5 Vergleich mit anderen Formen im Englischen:

Achtung: ***Simple past*** und ***past perfect*** haben hier völlig unterschiedliche Bedeutungen.
*He told me that he **had been** ill.*
(Er war schon wieder gesund.)
*He told me that he **was** ill.*
(Er war immer noch krank.)

3. Was war zum Zeitpunkt des Sprechens bereits vorbei und was noch nicht?

		finished	not finished
1a	He told me he had a headache.	☐	☐
1b	He told me he had had a headache.	☐	☐
2a	She told me she had been a language teacher.	☐	☐
2b	She told me she was a language teacher.	☐	☐
3a	Then she told me she was married.	☐	☐
3b	Then she told me that she had been married.	☐	☐
4a	She said she had lived in Italy.	☐	☐
4b	She said she lived in Italy.	☐	☐
5a	She told me she was ill.	☐	☐
5b	She told me that she had been ill.	☐	☐
6a	She told me she worked for Siemens.	☐	☐
6b	She told me that she had worked for Siemens.	☐	☐
7a	She said she had taken driving lessons.	☐	☐
7b	She said she was taking driving lessons.	☐	☐
8a	He told me he had been on the dole.	☐	☐
8b	He told me he was on the dole.	☐	☐
9a	He told me he had looked for a cheaper flat.	☐	☐
9b	He told me he was looking for a cheaper flat.	☐	☐
10a	He said he had been in love with Mary.	☐	☐
10b	He said he was in love with Mary.	☐	☐

8 *Past perfect progressive* in drei Funktionen

1	2	3
Sagen, wie es zu einem Zustand in der Vergangenheit gekommen war.	Sagen, dass ein länger andauernder Vorgang in der Vergangenheit durch einen anderen unterbrochen wurde.	Berichten, was jemand zu einem bestimmten Zeitpunkt in der Vergangenheit getan haben will.
A: Why didn't you come to my party last night? *B: Sorry, I was very tired. **I had been working all day long.***	*I had been waiting for three hours when suddenly the phone rang.*	*He claimed he had been working at the computer at the time of the murder.*

1 Situationserklärung: Wer spricht mit wem, aus welchem Anlass, mit welcher Absicht, wann und wo?

2 Erklärung des Bauplans:

I *had been* *working* *all day long.*
↓ ↓
had been + Verb + *ing*

3 Erklärung der Funktion: Was kann man damit ausdrücken?

Man erklärt, wie es zu einem Zustand in der Vergangenheit kam. Der Mann war sehr müde *(was very tired)*, weil er den ganzen Tag gearbeitet hatte *(he had been working all day)*.

4 Vergleich mit dem Deutschen:

Das Englische und das Deutsche unterscheiden sich.

I was very tired. ↓ *simple past* + *I **had been working** all day long.* ↓ *past perfect progressive*

Ich **war** sehr müde. ↓ Präteritum

Ich **hatte** den ganzen Tag **gearbeitet**. ↓ ↓ Plusquamperfekt

5 Vergleich mit anderen Formen im Englischen:

Die beiden Sätze haben unterschiedliche subjektive Perspektiven:

a) *I was too tired. I **had been working** all day long.*
(Hier wird die Dauer der Arbeit besonders betont.)

b) *I was too tired. I **had worked** all day long.*
(Hier wird die Dauer der Arbeit nicht betont.)

1. Beantworte die folgenden Fragen und verwende dabei das *past perfect progressive.*

1 Why did you have such dirty hands?

Because I had been repairing my bike.

2 Why were you wearing wellingtons *(Gummistiefel)*? — work – in the garden

____

3 Why was your hair all wet? — walk – in the rain / have – a shower

____

4 Why was your face so red? — run – in the park

____

5 Why were your hands all blue and green? — paint – my room

____

6 Why was your arm so swollen? — do – karate

____

7 Why did your eyes hurt? — read – for hours

____

8 Why were you so tired? — work hard – all day long

____

9 Why did you have such a dirty face? — clean – stove

____

10 Why were your feet aching? — jog – for three hours

____

1	2	3
Sagen, wie es zu einem Zustand in der Vergangenheit gekommen war.	**Sagen, dass ein länger andauernder Vorgang in der Vergangenheit durch einen anderen unterbrochen wurde.**	Berichten, was jemand zu einem bestimmten Zeitpunkt in der Vergangenheit getan haben will.
A: *Why didn't you come to my party last night?* B: *Sorry, I was very tired. I had been working all day long.*	***I had been waiting for three hours when suddenly the phone rang.***	*He claimed he had been working at the computer at the time of the murder.*

1 Situationserklärung: Wer spricht mit wem, aus welchem Anlass, mit welcher Absicht, wann und wo?

2 Erklärung des Bauplans:

I	*had been*		*waiting*	*for three hours when finally the phone rang.*
	↓		↓	
	had been	+	Verb + *ing*	

3 Erklärung der Funktion: Was kann man damit ausdrücken?

Ein länger andauernder Vorgang *(I had been waiting for three hours)* wird durch ein Ereignis unterbrochen *(finally the phone rang)*.

4 Vergleich mit dem Deutschen:

Das Englische und das Deutsche sind hier verschieden.

*I **had been waiting** for three hours*		*when finally the phone **rang**.*
↓		↓
past perfect progressive	+	*simple past*
Ich **hatte schon** drei Stunden **gewartet**,		als das Telefon endlich **klingelte**.
↓		↓
Plusquamperfekt	+	Präteritum

5 Vorsicht! Fehlerfalle!

Hier gibt es eine sehr häufige Fehlerquelle:
* *I already waited for three hours when finally the phone rang.* (Falsch!)

2. Welches Ereignis kam zu dem anderen hinzu? Verbinde beide Handlungen zu einem Satz.

1 A lying on the floor for three hours
B her daughter found her

The old lady had been lying on the floor for three hours when her daughter found her.

2 A sunbathing for an hour
B starts to rain

____

3 A walking for two hours
B thunderstorm starts

____

4 A reading the newspaper all morning
B postman comes

____

5 A eating dinner for half an hour
B somebody knocks at the door

____

6 A climbing for five hours
B sky gets dark

____

7 A suffering from a headache for three days
B decides to see the doctor

____

8 A learning French for many years
B decides to go to France

____

1	2	3
Sagen, wie es zu einem Zustand in der Vergangenheit gekommen war.	Sagen, dass ein länger andauernder Vorgang in der Vergangenheit durch einen anderen unterbrochen wurde.	**Berichten, was jemand zu einem bestimmten Zeitpunkt in der Vergangenheit getan haben will.**
A: Why didn't you come to my party last night? *B: Sorry, I was very tired. I had been working all day long.*	*I had been waiting for three hours when suddenly the phone rang.*	***He claimed he had been working at the computer at the time of the murder.***

1 Situationserklärung: Wer spricht mit wem, aus welchem Anlass, mit welcher Absicht, wann und wo?

2 Erklärung des Bauplans:

He claimed he *had been* *working* *at the computer*
↓ ↓
had been + Verb + *ing* *at the time of the murder.*

3 Erklärung der Funktion: Was kann man damit ausdrücken?

Hier berichtet man über die Aussage einer Person. Diese Person behauptet, dass sie zur Tatzeit am Computer saß.

4 Vergleich mit dem Deutschen:

Das Englische und das Deutsche sind hier völlig verschieden.
*He claimed he **had been working** at the computer at the time of the murder.*
Er behauptete, dass er zur Tatzeit **am Computer gesessen habe.**

3. Berichte über die Alibis dieser verdächtigen Personen.

1 "I was watching television at the time of the murder."

He said he had been watching television at the time of the murder.

2 "We were playing badminton in the garden at the time of the murder."

____

3 "I was talking to my neighbour over the fence at the time of the murder."

____

4 "I was sitting in the dentist's waiting-room at the time of the murder."

____

5 "I was taking my wife to the airport at the time of the murder."

____

6 "I was meeting my friends at the station at the time of the murder."

____

7 "I was having my hair cut at the time of the murder."

____

8 "I was in bed at the time of the murder."

____

9 Das *will- / shall*-Futur in vier Funktionen

1	2	3	4
Sagen, was man sich von der Zukunft erhofft.	Vorhersagen, was passieren wird.	Sagen, was unter bestimmten Umständen passieren wird.	Sagen, was man spontan tun wird.
I hope you'll do better next time.	*You'll have six children pretty soon.*	*When it's ready, I'll phone you.*	*I'll help him.*

1 Situationserklärung: Wer spricht mit wem, aus welchem Anlass, mit welcher Absicht, wann und wo?

2 Erklärung des Bauplans:

I hope you	*'ll*	*do*	*better next time.*
	↓	↓	
	will	Infinitiv des Verbs	

3 Erklärung der Funktion: Was kann man damit ausdrücken?

Mit dem *will- / shall*-Futur sagt man, was man sich von der Zukunft erhofft und wie man über die Zukunft denkt.

4 Vergleich mit dem Deutschen:

Im Englischen wird die Zukunft häufiger verwendet als im Deutschen: *I hope you'll do better next time.*
Im Deutschen verwendet man hingegen oftmals die Gegenwartsform des Verbs:
Ich hoffe, du **machst** es nächstes Mal besser.

5 Vorsicht! Fehlerfalle!

Sehr häufig wird das *will ('ll)* vergessen:
* *I'm sure you do better next time.* (Falsch!)

1. Was wirst du nach der Schule machen? Beantworte die Fragen und verwende dabei passende Kurzantworten, wie z. B. *I'm sure I will. No, I won't. I hope I will. I think I will.*

	Questions	Your answers
1	Will you start work soon?	______________________
2	Will you buy a car with your first money?	______________________
3	Will you stay with your parents or will you have your own flat?	______________________
4	Will you have your own room or will you share a room with a friend?	______________________
5	Will you get married soon?	______________________
6	Will you have lots of children?	______________________
7	Will you make a lot of money?	______________________
8	Will you stay in Germany or will you go abroad?	______________________
9	Will you have lots of friends?	______________________
10	Will you remember the good old days at school?	______________________

1	2	3	4
Sagen, was man sich von der Zukunft erhofft.	**Vorhersagen, was passieren wird.**	Sagen, was unter bestimmten Umständen passieren wird.	Sagen, was man spontan tun wird.
I hope you'll do better next time.	***You'll have six children pretty soon.***	*When it's ready, I'll phone you.*	*I'll help him.*

1 Situationserklärung: Wer spricht mit wem, aus welchem Anlass, mit welcher Absicht, wann und wo?

2 Erklärung des Bauplans:

You *'ll* ↓ *will* — *have* ↓ Infinitiv des Verbs — *six children pretty soon.*

3 Erklärung der Funktion: Was kann man damit ausdrücken?

Mit dem *will- / shall*-Futur macht man Vorhersagen. Diese können sich auf die Zukunft von Personen beziehen, auf das Wetter oder auch auf allgemeine Entwicklungen.

4 Vergleich mit dem Deutschen:

Im Deutschen kann man für Vorhersagen auch die Gegenwartsform des Verbs verwenden:
Sie **haben** bald sechs Kinder.

5 Vergleich mit anderen Formen im Englischen:

Im Englischen ist das *simple present* hingegen nicht möglich.
* *You have six children pretty soon.* (Falsch!)

2. Wie wird das Wetter morgen sein? Übertrage den Wetterbericht ins Deutsche.

Some rain in most places tonight but there will be some dry, brighter weather tomorrow. The outlook from now, until this time tomorrow: For central and southern England there will be some rain in most places tonight and over the hills some fog as well. Tomorrow it will be again a rather cold and cloudy day although there will be less rain than today and perhaps even some sunny periods here and there. Temperatures will not rise above 12 centigrade tomorrow and it will be windy, too. Now a look at the weather for Wales, Midlands and northern England. The showers should disappear over night with perhaps just a bit of rain left by morning. After that these parts will have dry weather, fairly bright with longer periods of sunshine and with winds from the North. Afternoon temperatures between 12 and 15 degrees centigrade.

Heute Nacht überall noch etwas Regen, aber

1	2	3	4
Sagen, was man sich von der Zukunft erhofft.	Vorhersagen, was passieren wird.	**Sagen, was unter bestimmten Umständen passieren wird.**	Sagen, was man spontan tun wird.
I hope you'll do better next time.	*You'll have six children pretty soon.*	***When it's ready, I'll phone you.***	*I'll help him.*

1 Situationserklärung: Wer spricht mit wem, aus welchem Anlass, mit welcher Absicht, wann und wo?

2 Erklärung des Bauplans:

When it's ready,	*I*	*'ll*		*phone you.*
↓		↓		↓
Bedingung in der Gegenwart		*will*	+	Verb im Infinitiv

3 Erklärung der Funktion: Was kann man damit ausdrücken?

Man sagt damit, was unter einer bestimmten Bedingung *(When it's ready …)* geschehen wird *(I'll phone you)*.

4 Vergleich mit dem Deutschen:

Im Deutschen verwendet man in der gesprochenen Sprache meist die **Gegenwartsform** des Verbs:

Wenn es fertig ist, rufe ich Sie an.
↓ (rufe)
Gegenwartsform des Verbs

5 Vorsicht! Fehlerfalle!

Auch hier wird oftmals das *will ('ll)* vergessen:
* *When it's ready I phone.* (Falsch!)
Oder man verwendet bei der Bedingung das Futur, was ebenfalls nicht möglich ist:
* *When it will be ready I phone you.* (Falsch!)

3. Was wird unter bestimmten Bedingungen geschehen? Verbinde die Teile in den linken Kästen mit den passenden in den rechten.

Bedingungen			Auswirkungen
If you go to the dentist regularly,	1	A	you'll fall asleep at school.
If you do some sport,	2	B	you won't put on weight.
If you don't eat too much,	3	C	you'll know everything about your body.
If you don't get enough sleep,	4	D	you won't have any problem with your teeth.
If you smell of alcohol,	5	E	you'll never find a job.
If you go to the sauna regularly,	6	F	you'll risk your health.
If you read books about health,	7	G	you'll stay fit.
If your are often ill,	8	H	you'll lose your hair.
If you smoke,	9	I	you'll lose your driving licence.
If you don't get enough vitamins,	10	J	you'll stay healthy.

Vervollständige die Sätze mit eigenen Ideen.

If you come back home very late at night, ______________________________

If you get a bad mark in a class test, ______________________________

If you talk on the mobile phone for hours, ______________________________

1	2	3	4
Sagen, was man sich von der Zukunft erhofft.	Vorhersagen, was passieren wird.	Sagen, was unter bestimmten Umständen passieren wird.	**Sagen, was man spontan tun wird.**
I hope you'll do better next time.	*You'll have six children pretty soon.*	*When it's ready, I'll phone you.*	***I'll help him.***

1 Situationserklärung: Wer spricht mit wem, aus welchem Anlass, mit welcher Absicht, wann und wo?

2 Erklärung des Bauplans:

I *'ll* *help* *him.*
↓ ↓
will + Verb im Infinitiv

3 Erklärung der Funktion: Was kann man damit ausdrücken?

Mit dem *will*-Futur kann man seinen spontanen Entschluss ausdrücken, etwas zu tun. Die Frau entschließt sich, dem Mann beim Tragen der Bücher zu helfen.

4 Vergleich mit dem Deutschen:

Im Deutschen verwenden wir wiederum eher die Gegenwartsform des Verbs: Ich **helf'** ihm.

5 Vorsicht! Fehlerfalle!

Auch hier wird sehr häufig das *will ('ll)* vergessen: * *I help you.* (Falsch!)

4. Was würdest du in diesen Situationen spontan sagen? Schreibe es auf.

1 A little boy has dropped a coin into a deep well. He's crying.

____

2 You've just spilt wine on your brother's trousers. He's very angry with you.

____

3 Your mother has just run out of salt. She's in a hurry and very nervous.

____

4 Your little sister has just swallowed a coin. Your parents are upset.

____

5 It's very hot and stuffy in the classroom. All the windows are closed.

____

6 Your mother is very tired. She loves a cup of tea after work.

____

7 It's quite dark in the room. Your Dad can hardly read his newspaper.

____

8 Your friend is about to leave for a drink. He doesn't know a pub near here. You are very thirsty too.

____

9 You are on your way to the airport in your car. A woman asks you the way to the airport. She's very nice.

____

10 Your friend wants to buy a nice dress. She hasn't got enough money on her.

____

10 *Future progressive* in drei Funktionen

1	2	3
Sagen, was zu einem bestimmten Zeitpunkt in Zukunft geschehen wird.	Sagen, was bereits für die Zukunft arrangiert ist.	Höfliche Anfragen zu geplanten Vorhaben.
At this time tomorrow I'll be lying on the beach.	*The President will be arriving at ten o'clock.*	*Will you be using the car tomorrow?*

1 Situationserklärung:
Wer spricht mit wem, aus welchem Anlass, mit welcher Absicht, wann und wo?

2 Erklärung des Bauplans:

At this time tomorrow

I	*will*	*be*	*lying*	*on the beach.*
	↓	↓	↓	
	will	*be*	Verb + *ing*	

3 Erklärung der Funktion: Was kann man damit ausdrücken?

Sagen, was zu einer bestimmten Zeit passieren wird, worauf man sich zum Beispiel schon freut und was einen bestimmten Zeitraum andauern wird.

4 Vergleich mit dem Deutschen:

Das Englische und das Deutsche sind hier verschieden. Im Deutschen gibt es zwei Möglichkeiten diese Vorfreude auszudrücken.

a) Morgen um diese Zeit **liege** ich bereits am Strand.
b) Morgen um diese Zeit **werde** ich bereits am Strand **liegen**.

5 Vergleich mit anderen Formen im Englischen:

Sehr häufig wird hier das *will- / shall*-Futur verwendet, was jedoch den Sachverhalt der Dauer nicht trifft:
At this time tomorrow I'll lie on the beach ist unpassend, da der Vorgang länger andauern wird, während
At this time tomorrow I'll shoot him möglich wäre, weil eine Handlung von kürzerer Dauer beschrieben wird.

1. Ferien stehen vor der Tür. Worauf freuen sich diese Personen? Formuliere es auf Englisch.

1 lie on the beach

At this time next week I'll be lying on the beach somewhere in Spain.

2 walk in the mountains

____

3 lie in my hammock *(Hängematte)* in the garden

____

4 sit in a plane

____

5 swim in the Mediterranean Sea

____

6 have a barbecue

____

7 build sandcastles on the beach

____

8 have tea with my aunt

____

1	2	3
Sagen, was zu einem bestimmten Zeitpunkt in Zukunft geschehen wird.	**Sagen, was bereits für die Zukunft arrangiert ist.**	Höfliche Anfragen zu geplanten Vorhaben.
At this time tomorrow I'll be lying on the beach.	***The President will be arriving at ten o'clock.***	*Will you be using the car tomorrow?*

1 Situationserklärung: Wer spricht mit wem, aus welchem Anlass, mit welcher Absicht, wann und wo?

2 Erklärung des Bauplans:

The President	*will*	*be*	*arriving*	*at ten o'clock.*
	↓	↓	↓	
	will	*be*	Verb + *ing*	

3 Erklärung der Funktion: Was kann man damit ausdrücken?

Man verwendet das *future progressive,* um anzukündigen, was zu einem bestimmten Zeitpunkt geschehen wird und was durch ein Programm bereits festgelegt wurde.

4 Vergleich mit dem Deutschen:

Im Deutschen gibt es zwei Möglichkeiten, diesen Sachverhalt auszudrücken:

a) Der Präsident **kommt** um zehn Uhr **an**.
b) Der Präsident **wird** um zehn Uhr **ankommen**.

5 Vergleich mit anderen Formen im Englischen:

Auch im Englischen gibt es zwei Möglichkeiten, diesen Sachverhalt auszudrücken:

a) *The President will be arriving at ten o'clock.* ***(future progressive)***
b) *The President is arriving at ten o'clock.* (***present progressive*** mit Zukunftsbedeutung bei festgelegten Programmen)

2. Hoher Staatsbesuch wird erwartet. Drücke auf Englisch aus, was morgen alles passieren wird.

10.00	arrival of the President
10.30	meeting with some newspaper reporters
11.00	talk on education in the United States
13.00	lunch in the town hall
15.00 – 17.00	visit to a local school
19.00	dinner party
20.00	departure for the airport
21.00	plane back to Washington

1 *The President will be arriving at ten o'clock.* ____________________
2 ____________________
3 ____________________
4 ____________________
5 ____________________
6 ____________________
7 ____________________
8 ____________________

1	2	3
Sagen, was zu einem bestimmten Zeitpunkt in Zukunft geschehen wird.	Sagen, was bereits für die Zukunft arrangiert ist.	**Höfliche Anfragen zu geplanten Vorhaben.**
At this time tomorrow I'll be lying on the beach.	*The President will be arriving at ten o'clock.*	***Will you be using the car tomorrow?***

1 **Situationserklärung:** Wer spricht mit wem, aus welchem Anlass, mit welcher Absicht, wann und wo?

2 **Erklärung des Bauplans:**

Will	*you*	*be*		*using*	*the car tomorrow?*
↓		↓		↓	
will	+	*be*	+	Verb + *ing*	

3 **Erklärung der Funktion:** Was kann man damit ausdrücken?

Der junge Mann möchte gern das Auto seines Vaters für den nächsten Tag. Er macht das geschickt, indem er eine sehr vorsichtige und höfliche Frage stellt.

4 **Vergleich mit dem Deutschen:**

Das Deutsche und das Englische sind hier ziemlich verschieden.
Brauchst du morgen **eigentlich** das Auto?
Will *you* ***be using*** *the car tomorrow?*

5 **Vergleich mit anderen Formen im Englischen:**

Man könnte natürlich auch fragen:
a) *May I have the car tomorrow?*
b) *I was wondering if I might have the car tomorrow.*

3. **Paul und Mark gehen auf eine Rucksackreise. Ihre Mutter ist besorgt und stellt einige Fragen zu den Vorhaben der Jungen.**

1 Um wie viel Uhr werdet ihr aufstehen?

What time will you be getting up?

2 Um wie viel Uhr werdet ihr wegfahren?

3 Was werdet ihr anziehen?

4 Werdet ihr mit dem Zug fahren?

5 Oder werdet ihr das Auto nehmen?

6 In welche Länder werdet ihr reisen?

7 Wo werdet ihr übernachten?

8 Werdet ihr noch zu Hause frühstücken?

9 Wie lange werdet ihr wegbleiben?

10 Wann werdet ihr wieder nach Hause fahren?

11 *Future perfect* in zwei Funktionen

1	2
Sagen, dass man mit einer Tätigkeit zu einem bestimmten Zeitpunkt in der Zukunft fertig sein wird.	Sagen, wie lange etwas zu einem bestimmten Zeitpunkt in der Zukunft bereits andauern wird.
We'll have finished the garage by Saturday.	*Next month we will have been married for twenty-five years.*

1 Situationserklärung: Wer spricht mit wem, aus welchem Anlass, mit welcher Absicht, wann und wo?

2 Erklärung des Bauplans:

We	'll	have	finished	by Saturday.
	↓	↓	↓	
	will	*have*	*past participle*	

3 Erklärung der Funktion: Was kann man damit ausdrücken?

Mit dem *future perfect* sagt man, wann man etwas erledigt haben wird.

4 Vergleich mit dem Deutschen:

Im Deutschen kann man das unterschiedlich ausdrücken:
a) Wir werden spätestens bis Samstag damit fertig sein.
b) Wir sind spätestens am Samstag damit fertig.

5 Vergleich mit anderen Formen im Englischen:

Das *future perfect* wird oftmals mit dem *will-future* verwechselt:
Will-future
We will finish on Saturday.
Wir werden das am Samstag fertig machen.
Future perfect
We'll have finished by Saturday.
Wir werden spätestens bis Samstag fertig sein.

1. Einige Arbeiten haben sich verzögert und werden nicht rechtzeitig fertig.
Drücke dies auf Englisch aus.

1 Will you have finished the roof by Friday?

No, we won't. We won't have finished it until Saturday.

2 Will you have finished the fence by Wednesday?

____

3 Will you have cleaned the rooms by Saturday?

____

4 Will you have finished the report by Sunday?

____

5 Will you have answered all these letters by Thursday?

____

6 Will you have painted the walls by Tuesday?

____

7 Will you have built the road by the end of this year?

____

8 Will you have decorated the rooms by Thursday?

____

9 Will you have repaired the roof by Friday?

____

1	2
Sagen, dass man mit einer Tätigkeit zu einem bestimmten Zeitpunkt in der Zukunft fertig sein wird.	**Sagen, wie lange etwas zu einem bestimmten Zeitpunkt in der Zukunft bereits andauern wird.**
We'll have finished the garage by Saturday.	***Next month we will have been married for twenty-five years.***

1	Situationserklärung: Wer spricht mit wem, aus welchem Anlass, mit welcher Absicht, wann und wo?	 Next month we will have been married for twenty-five years.
2	Erklärung des Bauplans:	*Next month* *we* *will* *have been* *married* *for twenty-five years.* ↓ ↓ ↓ *will* *have been* *past participle*
3	Erklärung der **Funktion**: Was kann man damit ausdrücken?	Mit dem *future perfect* drückt man aus, wie lange ein Zustand zu einem bestimmten Zeitpunkt in der Zukunft bereits andauern wird.
4	Vergleich mit dem Deutschen:	Der Satzbau im Englischen und im Deutschen ist hier völlig verschieden. Ende des Monats **werden** wir bereits 25 Jahre **verheiratet sein.** *By the end of this month we* ***will have been married*** *for twenty-five years.*
5	Vorsicht! Fehlerfalle!	Ein sehr häufiger Fehler, der immer wieder vorkommt: ** By the end of this month we will be married for twenty-five years.* (Falsch!)

2. Viel Zeit ist vergangen und die Dame erinnert sich. Schreibe es auf Englisch auf.

Die Dame sagt,

1 dass es im nächsten Monat 25 Jahre sein werden, dass sie verheiratet ist.

Next month I will have been married for 25 years.

2 dass es nächste Woche 10 Jahre sein werden, dass sie in Deutschland ist.

____

3 dass es Ende des Jahres 15 Jahre sein werden, dass sie Lehrerin ist.

____

4 dass es zum Ende des Monats vier Jahre sein werden, dass ihr Mann tot ist.

____

5 dass es nächste Woche zwei Jahre sein werden, dass ihr Sohn ohne Arbeit ist.

____

12 Future perfect progressive

1
Sagen, wie lange eine Handlung zu einem bestimmten Zeitpunkt in der Zukunft bereits andauern wird.
By next Sunday he will have been staying with us for three weeks.

1 Situationserklärung:
Wer spricht mit wem, aus welchem Anlass, mit welcher Absicht, wann und wo?

2 Erklärung des Bauplans:

By next Sunday your brother

will	*have been*	*staying*
↓	↓	↓
will	*have been*	Verb + *ing*

with us for five weeks.

3 Erklärung der Funktion: Was kann man damit ausdrücken?

Mit dem *future perfect progressive* drückt man aus, wie lange etwas bis zu einem bestimmten Zeitpunkt in der Zukunft bereits gedauert haben wird. Im obigen Bild freut sich die Ehefrau sicherlich nicht über den langen Aufenthalt ihres Schwagers.

4 Vergleich mit dem Deutschen:

Im Deutschen wird dieser Sachverhalt mit dem Präsens oder Futur ausgedrückt:
a) Nächsten Sonntag **ist** dein Bruder schon fünf Wochen bei uns.
b) Am nächsten Sonntag werden es bereits fünf Wochen sein, **dass dein Bruder bei uns ist**.

5 Vergleich mit anderen Formen im Englischen:

Nicht mit dem *will-future* verwechseln:
* *Next Sunday he will stay with us for five weeks.* (Falsch!)
(Hier wird der Sachverhalt, dass er schon fast fünf Wochen da ist, nicht ausgedrückt.)

1. **Drücke diese Sätze auf Englisch aus.**

1 Sage, dass es am 1. August zehn Jahre sein werden, dass ihr in eurem Haus wohnt.

On the first of August we will ______________________________

____

____

2 Sage, dass es morgen schon drei Wochen sein werden, das du auf den Klempner *(plumber)* wartest.

____

____

3 Sage, dass es morgen schon drei Wochen sein werden, dass es regnet.

____

____

4 Sage, dass es im September schon fünf Jahre sind, dass du Englisch lernst.

____

____

5 Sage, dass es um drei Uhr bereits vier Stunden sein werden, dass du auf deinen Bruder wartest.

____

____

13 *Going to-future* in drei Funktionen

1	2	3
Sagen, was man zu tun beabsichtigt oder bereits geplant hat.	Sagen, was sich aufgrund deutlicher Anzeichen ereignen wird.	Sagen, was mit einer Person oder Sache aufgrund gefasster Beschlüsse passieren wird.
I've got a terrible tooth-ache. I'm going to see the dentist tomorrow.	*Look, we'd better go. It's going to rain.*	*All these trees are going to be cut down.*

1 Situationserklärung: Wer spricht mit wem, aus welchem Anlass, mit welcher Absicht, wann und wo?

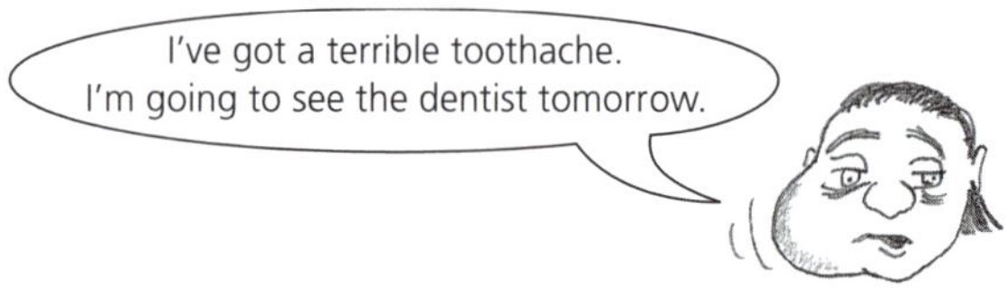

2 Erklärung des Bauplans:

I	*'m*	*going*	*to see*	*the dentist tomorrow.*
	↓	↓	↓	
	Form von *be*	*going*	*to*-Infinitiv	

3 Erklärung der Funktion: Was kann man damit ausdrücken?

Mit dem *going to-future* sagt man, was man zu tun beabsichtigt oder was man bereits geplant hat.

4 Vergleich mit dem Deutschen:

Im Deutschen drückt man seine Absichten in der gesprochenen Sprache meistens mit dem Präsens aus:
Morgen **gehe** ich zum Zahnarzt. oder:
Morgen **werde** ich zum Zahnarzt **gehen**.

5 Vergleich mit anderen Formen im Englischen:

Beachte den Unterschied zwischen folgenden drei Sätzen:

a) ***Going to-future***
I've got a terrible toothache.
I'm going to see the dentist tomorrow.
(Man hat den Entschluss gefasst.)

b) ***Present progressive*** **mit Zukunftsbedeutung**
I've got a terrible toothache.
I'm seeing the dentist tomorrow.
(Man hat schon einen Zahnarzttermin.)

c) ***Will-future***
I've got a terrible toothache.
I'll see the dentist tomorrow.
(Man entschließt sich spontan zum Zahnarzt zu gehen. Also hat man auch noch keinen bestimmten Termin.)

1. Patsy und Frank unterrichten an derselben Schule und unterhalten sich im Lehrerzimmer. Verbinde die Aussagen und Fragen links mit den passenden Antworten in der rechten Spalte.

What are we going to have for dinner?	A	1	Soon. The library wants it back next week.
Are you going to take the bus home today or are you going to walk?	B	2	No, we've read it already.
When are you going to finish this book?	C	3	Next week.
When are you going to have your next English lesson?	D	4	Mum is coming on Saturday.
Are you going to read *Robinson Crusoe* with your kids?	E	5	In the canteen. He always has lunch there.
When are you going to write the test in 7B?	F	6	I don't know. Second-hand cars might be a problem.
What are you going to do this weekend?	G	7	I always feel sick on buses.
Where are you going to meet the headteacher?	H	8	At 11.30 in class 5A.
I wonder when Ms Williams is going to give me the money back which I lent her last week.	I	9	Let's try that new Italian restaurant in the High Street.
Are you going to buy that car we saw yesterday?	J	10	Why don't you ask her? Tell her you need it.

A	B	C	D	E	F	G	H	I	J

1	2	3
Sagen, was man zu tun beabsichtigt oder bereits geplant hat.	**Sagen, was sich aufgrund deutlicher Anzeichen ereignen wird.**	Sagen, was mit einer Person oder Sache aufgrund gefasster Beschlüsse passieren wird.
I've got a terrible toothache. I'm going to see the dentist tomorrow.	***Look, we'd better go. It's going to rain.***	*All these trees are going to be cut down.*

1 Situationserklärung: Wer spricht mit wem, aus welchem Anlass, mit welcher Absicht, wann und wo?

2 Erklärung des Bauplans

It	*'s*	*going*	*to rain.*
	↓	↓	↓
	Form von *be*	*going*	*to*-Infinitiv

3 Erklärung der Funktion: Was kann man damit ausdrücken?

Mit dem *going to-future* weist man auf etwas hin, was gleich passieren wird. Die Anzeichen dafür sind bereits sichtbar.

4 Vergleich mit dem Deutschen:

Im Deutschen verwenden wir die Wörtchen „gleich" oder „bald".
Es **wird gleich regnen.**
Es **regnet gleich / bald.**

5 Vergleich mit anderen Formen im Englischen:

Beachte die Unterschiede zwischen den beiden folgenden Sätzen:
Will-future
It will rain tomorrow. (Allgemeine Vorhersage)
Going to-future
It's going to rain. (Deutliche Anzeichen sind bereits sichtbar.)

2. Vervollständige diese Bemerkungen mit einem *going to*-Satz. Verwende die Vorschläge.

sneeze | be sick | rain | be a long day | fall | be late for work | crash | get a migraine | have a baby | get wet

1 Look at those black clouds. *It's going to rain.*

2 I feel awful. Where's the toilet? ______

3 Oh, that pepper is tickling my nose. ______

4 That's two buses that have failed to turn up. ______

5 They're demolishing the house over the road. Look, that wall is swaying.

______

6 (paddling in the sea) Oh, dear, there's a really big wave coming. My jeans

______

7 Child: Look at that lady, Mummy. She's got a fat tummy.

Mother: Yes, dear. ______

8 Look at that plane. It's engines are on fire and it's losing height. Oh, my God

______

9 I've got flashing lights in front of my eyes. ______

10 The first meeting is at eight in the morning and we don't finish till ten o'clock at night.

______

1	2	3
Sagen, was man zu tun beabsichtigt oder bereits geplant hat.	Sagen, was sich aufgrund deutlicher Anzeichen ereignen wird.	**Sagen, was mit einer Person oder Sache aufgrund gefasster Beschlüsse passieren wird.**
I've got a terrible toothache. I'm going to see the dentist tomorrow.	*Look, we'd better go. It's going to rain.*	***All these trees are going to be cut down.***

1 Situationserklärung: Wer spricht mit wem, aus welchem Anlass, mit welcher Absicht, wann und wo?

2 Erklärung des Bauplans:

All these trees	*are*	*going*	*to be*	*cut*	*down.*
	↓	↓	↓	↓	
	Form von *be*	*going*	*to be*	*past participle*	

3 Erklärung der Funktion: Was kann man damit ausdrücken?

Mit dem *going to-future* und dem Passiv drückt man auch aus, was mit einer Person oder mit einem Gegenstand passieren wird. Dazu liegen dementsprechende Beschlüsse vor.

4 Vergleich mit dem Deutschen:

Das Deutsche und das Englische sind hier verschieden:
Alle diese Bäume **werden gefällt.**
*All these trees **are going to be cut down.***

5 Vergleich mit anderen Formen im Englischen:

Die beiden folgenden Sätze haben unterschiedliche Bedeutung:

a) *All these trees **will be cut down.***
(Das ist der reine zukünftige Tatbestand.)

b) *All these trees **are going to be cut down.***
(Hier wird die feste Absicht hervorgehoben.)

3. Betrachte die beiden Bilder und schreibe auf, was man hier alles zu verändern plant. Verwende die Hinweise in Klammern.

1 (trees / cut down)

They are going ____________________

____

2 (houses / pull down)

____

3 (new road / build)

____

4 (huge bridge / build)

____

5 (meadow / replace / with car park)

____

14 *Conditional I* in drei Funktionen

1	2	3
Sagen, was unter bestimmten Umständen geschehen wird.	**Sagen, was unter bestimmten Bedingungen immer der Fall ist.**	Jemandem etwas empfehlen, was dieser bislang noch nicht getan hat.
If you leave now, you'll catch the train.	***If you go that fast, the car uses more petrol.***	*If you haven't been to Scotland, you should go there.*

1 Situationserklärung: Wer spricht mit wem, aus welchem Anlass, mit welcher Absicht, wann und wo?

2 Erklärung des Bauplans:	*If you*	*leave* ↓ *present tense*	*now, you*	*'ll catch* ↓ *will-future*	*the train*

3 Erklärung der Funktion: Was kann man damit ausdrücken?

Man sagt, dass jemand etwas mit Sicherheit schaffen wird (den Zug bekommen), wenn er eine bestimmte Bedingung erfüllt (wenn er jetzt geht).

4 Vergleich mit dem Deutschen:

Das Deutsche und das Englische sind hier ziemlich gleich: Wenn du jetzt **gehst, wirst** du den Zug noch **bekommen.** (Auch: Wenn du jetzt gehst, bekommst du den Zug noch.) Im Englischen musst du allerdings das *will-future* verwenden.

5 Vergleich mit anderen Formen im Englischen:

Der unterschiedliche Grad der Gewissheit, dass er den Zug noch bekommt, wird im Englischen durch die entsprechenden Hilfszeitwörter ausgedrückt:

a) *If you leave now, you* ***may catch*** *the train.* (ist noch möglich)
b) *If you leave now, you* ***might catch*** *the train.* (ist fast nicht mehr möglich)

1. Du hast ein Party geplant. Schreibe auf, was du tun würdest, falls folgende Schwierigkeiten plötzlich auftreten.

	Mögliche Schwierigkeiten	Geplante Reaktionen
1	Es regnet.	• Party findet im Haus statt. • Garage benutzen.
2	Die Band kommt nicht.	• Stereoanlage benutzen. • Gitarre spielen und mitsingen.
3	Die Nachbarn beschweren sich wegen des Lärms.	• Nachbarn einladen. • Im Keller tanzen.
4	Die Getränke gehen aus.	• Bei den Nachbarn fragen. • Wasser trinken.
5	Das Essen geht aus.	• Essen aus einem Restaurant holen.
6	Die Eltern kommen plötzlich nach Hause.	• Ein Lied für die Eltern singen.

1 *If it rains, we'll have the party inside the house.* ______

______

2 ______

______

3 ______

______

4 ______

______

5 ______

______

6 ______

______

1	2	3
Sagen, was unter bestimmten Umständen geschehen wird.	**Sagen, was unter bestimmten Bedingungen immer der Fall ist.**	Jemandem etwas empfehlen, was dieser bislang noch nicht getan hat.
If you leave now, you'll catch the train.	***If you go that fast, the car uses more petrol.***	*If you haven't been to Scotland, you should go there.*

1 Situationserklärung: Wer spricht mit wem, aus welchem Anlass, mit welcher Absicht, wann und wo?

2 Erklärung des Bauplans:

If you	*go*	*that fast, the car*	*uses*	*more petrol.*
	↓		↓	
	present tense		*present tense*	

3 Erklärung der Funktion: Was kann man damit ausdrücken?

Man sagt, dass unter bestimmten Bedingungen (schnelles Fahren) eine bestimmte Reaktion erfolgt (hoher Benzinverbrauch). Dazu verwendet man sowohl im Bedingungssatz als auch im Hauptsatz *present tense.*

4 Vergleich mit dem Deutschen:

Hier sind das Deutsche und das Englische gleich:
Wenn du so schnell **fährst, braucht** das Auto mehr Benzin.
If you ***go*** *that fast, the car* ***uses*** *more petrol.*

5 Vergleich mit anderen Formen im Englischen:

Man sollte hier nicht das *will-future* verwenden, weil es sich um eindeutig klare und begründbare Aussagen handelt, also um etwas, was immer der Fall ist.

2. Welch ein fantastisches Auto! Sage, was passieren wird, wenn man die folgenden Knöpfe betätigt.

sliding roof 1	rear window 2	air-conditioner 3	electric front seat heater – right 4
electric front seat heater – left 5	head rest rear – left 6	head rest rear – right 7	aerial 8

1 *If you push this button the sliding roof opens.*

2 __________

3 __________

4 __________

5 __________

6 __________

7 __________

8 __________

Folgende Wendungen kannst du für deine Sätze gebrauchen:

go down • come on • come out

1	2	3
Sagen, was unter bestimmten Umständen geschehen wird.	Sagen, was unter bestimmten Bedingungen immer der Fall ist.	**Jemandem etwas empfehlen, was dieser bislang noch nicht getan hat.**
If you leave now, you'll catch the train.	*If you go that fast, the car uses more petrol.*	***If you haven't been to Scotland, you should go there.***

1 Situationserklärung:
Wer spricht mit wem, aus welchem Anlass, mit welcher Absicht, wann und wo?

2 Erklärung des Bauplans:

If you	*haven't been*	*to Scotland, you*	*should*
	↓		↓
	present perfect		Modalverb

go there.

3 Erklärung der Funktion: Was kann man damit ausdrücken?

Jemandem eine Empfehlung geben etwas zu tun, was er bislang noch nicht getan hat. Dazu verwendet man im Bedingungssatz das *present perfect.*

4 Vergleich mit dem Deutschen:

Im Deutschen kann man diesen Sachverhalt unterschiedlich ausdrücken, z. B.:
a) Wenn du bisher noch nicht in Schottland gewesen bist, solltest du hinfahren.
b) Wenn du bisher noch nicht in Schottland warst, solltest du hinfahren.

5 Vergleich mit anderen Formen im Englischen:

Hier wird sehr häufig das *simple past* verwendet, was natürlich nicht richtig ist:
* *If you were not to Scotland, you should go there.* (Falsch!)

3. Welche Empfehlungen hat Julia für Peter? Schreibe die Sätze unter die jeweiligen Situationsbeschreibungen.

	Peter	Julia
1	Er hat noch nie einen Film von Steven Spielberg gesehen.	Er sollte sich *Jurrasic Park* im REX anschauen.

If you've never seen a film by Steven Spielberg, you should see Jurrasic Park.

2	Er war noch nie in Griechenland	Er sollte sich einen Billigflug buchen *(book / cheap flight)*.

____

____

3	Er hat noch nie in einem chinesischen Restaurant gegessen.	Er sollte ins *Chinese Dragon* gehen.

____

____

4	Er hat noch nie Snowboardfahren ausprobiert *(try / snowboarding)*.	Er sollte sich das Snowboard von Julia ausleihen.

____

____

5	Er hat noch nie einen Ferienjob gefunden.	Er sollte im Internet nachschauen.

____

____

6	Er ist noch nie in England gewesen.	Er sollte an einem Austauschprogramm teilnehmen *(take part / exchange programme)*.

____

____

15 *Conditional II* in vier Funktionen

1	2	3	4
Über Wünsche sprechen, die leider nicht in Erfüllung gehen können.	Jemandem sagen, was man an dessen Stelle tun bzw. nicht tun würde.	Jemandem etwas vorwerfen.	Jemanden höflich auffordern etwas zu tun.
If I were rich, I'd buy a yacht.	*I wouldn't do that if I were you.*	*We could buy a new car if you didn't spend so much on clothes.*	*It would be nice if you helped me a little with the housework.*

1 Situationserklärung: Wer spricht mit wem, aus welchem Anlass, mit welcher Absicht, wann und wo?

2 Erklärung des Bauplans:

If I	*were*	*rich, I'*	*d*	*buy*	*a yacht.*
	↓		↓	↓	
	simple past		*would*	Grundform des Verbs	

3 Erklärung der Funktion: Was kann man damit ausdrücken?

Mit dem *conditional II* spricht man über Wünsche und Träume, die leider überhaupt nicht oder zumindest nicht kurzfristig in Erfüllung gehen können.

4 Vergleich mit dem Deutschen:

Das Deutsche und das Englische sind hier ziemlich verschieden. Im Englischen verwenden wir den Konjunktiv im Bedingungssatz, im Deutschen das Konditional. Da der Konjunktiv fast keine eigenen Formen mehr hat (Ausnahme *were*), nehmt ihr die Formen des *past tense*.
Wenn ich reich **wäre, würde** ich eine Yacht **kaufen**.
*If I **were** rich, **I'd buy** a yacht.*

5 Vergleich mit anderen Formen im Englischen:

In der gesprochenen Sprache verwendet man eher *was* anstatt *were*.
If I was rich, I'd buy a yacht.

1. **Was würdest du tun. Beantworte die Fragen und verwende dabei *would*.**

1 What would you do if you had plenty of money?

I'd buy a big house.

2 What would you buy if you had $ 10,000?

3 What would you do if you were headteacher of your school?

4 Where would you spend your holidays if you didn't have to pay a penny?

5 Would you travel round the world if you became rich?

6 What would you do if you became a famous pop star?

7 Would you make a donation to charity if you won a lot of money on the pools?

8 Would you buy a horse if you had plenty of money?

9 What would you do if you were the manager of a big firm?

10 If you found a lot of money, would you keep it?

1	2	3	4
Über Wünsche sprechen, die leider nicht in Erfüllung gehen können.	**Jemandem sagen, was man an dessen Stelle tun bzw. nicht tun würde.**	Jemandem etwas vorwerfen.	Jemanden höflich auffordern etwas zu tun.
If I were rich, I'd buy a yacht.	***I wouldn't do that if I were you.***	*We could buy a new car if you didn't spend so much on clothes.*	*It would be nice if you helped me a little with the housework.*

1 Situationserklärung: Wer spricht mit wem, aus welchem Anlass, mit welcher Absicht, wann und wo?

2 Erklärung des Bauplans:

I	*wouldn't*	*do*	*that if I*	*were*	*you.*
	↓	↓		↓	
	would + *not*	Infinitiv des Verbs		*simple past*	

3 Erklärung der Funktion: Was kann man damit ausdrücken?

Das *conditional II* verwendet man, um jemandem einen guten Rat zu erteilen.

4 Vergleich mit dem Deutschen:

Das Deutsche und das Englische haben hier Ähnlichkeiten:
Wenn ich du wäre, würde ich das nicht tun. /
An deiner Stelle würde ich das nicht tun.
If ***I were you,*** *I wouldn't do that.*

5 Vergleich mit anderen Formen im Englischen:

In der gesprochenen Sprache sagt man häufig:
If I was you, *I wouldn't do that.*

2. Peter möchte einen Unfallwagen kaufen. Seine Freunde raten ihm davon ab. Was sagen sie?

1 An deiner Stelle würde ich keinen Unfallwagen kaufen.

If I were you, I wouldn't buy a car damaged in an accident.

2 An deiner Stelle würde ich einen Gebrauchtwagen kaufen *(second hand car)*.

____

3 An deiner Stelle würde ich auf ein neues Auto sparen *(save for)*.

____

4 An deiner Stelle würde ich deine Eltern um etwas Geld bitten *(ask for)*.

____

5 An deiner Stelle würde ich den alten Ford behalten *(keep)*.

____

6 An deiner Stelle würde ich über die Reparaturkosten nachdenken *(costs of repairs)*.

____

7 An deiner Stelle würde ich lieber *(rather)* zu Fuß gehen *(walk)*.

____

1	2	3	4
Über Wünsche sprechen, die leider nicht in Erfüllung gehen können.	Jemandem sagen, was man an dessen Stelle tun bzw. nicht tun würde.	**Jemandem etwas vorwerfen.**	Jemanden höflich auffordern etwas zu tun.
If I were rich, I'd buy a yacht.	*I wouldn't do that if I were you.*	***We could buy a new car if you didn't spend so much on clothes.***	*It would be nice if you helped me a little with the housework.*

1 Situationserklärung:
Wer spricht mit wem, aus welchem Anlass, mit welcher Absicht, wann und wo?

2 Erklärung des Bauplans:

We	*could* ↓ Modalverb	*buy* ↓ Infinitiv des Verbs	*a new car*
if you	*didn't spend* ↓ *past tense*		*so much on clothes.*

3 Erklärung der Funktion: Was kann man damit ausdrücken?

Das *conditional II* verwendet man auch, um jemandem einen Vorwurf zu machen (die Freundin gibt zu viel Geld für Kleidung aus).

4 Vergleich mit dem Deutschen:

Im Deutschen steht im Bedingungssatz das Konditional, im Englischen steht *past tense.*
Wir könnten uns ein neues Auto kaufen, wenn du nicht so viel Geld für Kleidung **ausgeben würdest**.
We could buy a new car if you ***didn't spend*** *so much on clothes.*

5 Vorsicht! Fehlerfalle!

Ein sehr häufiger Fehler ergibt sich durch die Verwendung von *would* im Bedingungssatz:
** We could buy a new car if you* ***wouldn't*** *spend so much* on clothes. (Falsch!)

3. Was könnte oder würde man ändern, um den gewünschten Zustand zu erreichen? Gebe Ratschläge und verwende dabei Konditionalsätze.

	Zustand	Verbesserungsvorschlag
1	Jemand raucht zu viel.	Er könnte / würde viel gesünder aussehen. *(look healthier)*
2	Jemand lernt zu wenig.	Er könnte in der Schule mehr leisten. *(do better)*
3	Jemand gibt sein ganzes Geld für CDs aus.	Er könnte sich ein Mountainbike kaufen.
4	Jemand übt zu wenig Klavier. *(practise more)*	Er könnte im Schulorchester *(school orchestra)* spielen.
5	Jemand benutzt immer sein Auto.	Er könnte viel Geld sparen.
6	Jemand bleibt immer zu Hause.	Er könnte eine Menge Freunde haben.
7	Jemand geht nicht täglich zur Arbeitsvermittlungsstelle. *(job centre)*	Er könnte eine gute Stelle bekommen.
8	Jemand liest die Lokalzeitung nicht.	Er könnte viele Stellenanzeigen *(job advertisements)* finden.
9	Jemand geht zu häufig ins Wirtshaus.	Er könnte weniger blass aussehen. *(look pale)*
10	Jemand arbeitet zu wenig.	Er könnte sich eine bessere Wohnung mieten. *(rent)*

1 *You would look much healthier if you didn't smoke so much.* *or:*
If you didn't smoke so much, you would look much healthier.

2 ____

3 ____

4 ____

5 ____

6 ____

7 ____

8 ____

9 ____

10 ____

1	2	3	**4**
Über Wünsche sprechen, die leider nicht in Erfüllung gehen können.	Jemandem sagen, was man an dessen Stelle tun bzw. nicht tun würde.	Jemandem etwas vorwerfen.	**Jemanden höflich auffordern etwas zu tun.**
If I were rich, I'd buy a yacht.	*I wouldn't do that if I were you.*	*We could buy a new car if you didn't spend so much on clothes.*	***It would be nice if you helped me a little with the housework.***

1 Situationserklärung: Wer spricht mit wem, aus welchem Anlass, mit welcher Absicht, wann und wo?

2 Erklärung des Bauplans:

It	*would* ↓ *would*	*be* ↓ Infinitiv des Verbs	*nice*
if you	*helped* ↓ *past tense*	*me a little with the housework*	

3 Erklärung der Funktion: Was kann man damit ausdrücken?

Mit dem *conditional II* kann man auch jemanden höflich auffordern etwas zu tun.

4 Vergleich mit dem Deutschen:

Auch hier ist der Unterschied zum Deutschen sehr deutlich:
Es wäre sehr nett, wenn du mir bei der Hausarbeit etwas **helfen könntest / würdest.**
It would be nice if you ***helped*** *me a little with the housework*

5 Vorsicht! Fehlerfalle!

Ein sehr häufiger Fehler ist der Infinitiv des Verbs im Bedingungssatz:
** It would be nice if you* ***help*** *me a little with the housework.* (Falsch!)

4. Einen Wunsch äußern. Verwende dabei folgende Satzanfänge: *It would be nice if …; I'd be very happy if …; It would be a great help if …*

Diese Dinge müssen noch erledigt werden:

1 Der Wellensittich muss noch zum Nachbarn gebracht werden.
2 Der Haustürschlüssel muss noch zur Oma gebracht werden.
3 Die Blumen müssen noch gegossen werden. *(water the flowers)*
4 Die Garage muss noch abgesperrt werden. *(lock)*
5 Der Fernseher muss noch ausgesteckt werden. *(unplug)*
6 Die Spüle muss noch geputzt werden. *(clean sink)*
7 Der Abfalleimer muss noch geleert werden. *(rubbish bin)*
8 Die Zeitung muss noch abbestellt werden. *(cancel the paper)*
9 Der Milchmann muss noch angerufen werden.

Das sagt Mrs. Sellers ihrer Tochter:

1 *It would be nice if you took the budgie to the neighbour.*
2 ______
3 ______
4 ______
5 ______
6 ______
7 ______
8 ______
9 ______

16 *Conditional II progressive*

1
Sagen, was man unter bestimmten Umständen tun würde.
If we were really rich, we could be lying in the sun all day long.

1 Situationserklärung: Wer spricht mit wem, aus welchem Anlass, mit welcher Absicht, wann und wo?

2 Erklärung des Bauplans:

If we *were* *really rich,*
↓
past tense

we *could* *be* *lying* *in the sun all day long.*
↓ ↓ ↓
Modalverb *be* Verb + *ing*

3 Erklärung der Funktion: Was kann man damit ausdrücken?

Mit dem *conditional II progressive* sagt man, was man unter bestimmten Umständen tun würde. Der Tramp sagt, dass sie den ganzen Tag in der Sonne liegen könnten, wenn sie wirklich reich wären.

4 Vergleich mit dem Deutschen:

Das Englische und das Deutsche sind hier völlig verschieden. Das Deutsche verwendet im Bedingungssatz das Konditional I, das Englische hingegen das *past tense.*
Wenn wir wirklich reich **wären, könnten** wir den ganzen Tag in der Sonne **liegen.**
If we ***were*** *really rich, we* ***could be lying*** *in the sun all day long.*

5 Vergleich mit anderen Formen im Englischen:

Die Unterschiede zwischen den beiden folgenden Sätzen sind nur für den Experten nachvollziehbar.
Beide Sätze sind richtig:

a) *If we were really rich, we* ***could lie*** *in the sun all day long.*
b) *If we were really rich, we* ***could be lying*** *in the sun all day long.*

1. Was würden diese Leute tun, wenn sie an diesem Tag frei hätten?

1 golf  Peter	2 hang gliding  Mary	3 skydiving  Bob	4 bike riding  Helen
5 surfing  Liza	6 sailing 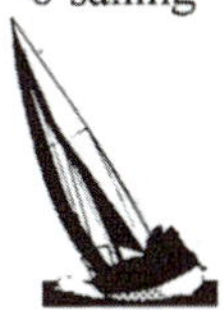 Frank	7 boating  Betsy	8 inline skating  Mark

1 Peter: *If I had the day off, I would be playing golf.*

2 Mary: ______________________________

3 Bob: ______________________________

4 Helen: ______________________________

5 Liza: ______________________________

6 Frank: ______________________________

7 Betsy: ______________________________

8 Mark: ______________________________

17 *Conditional perfect* in drei Funktionen

1	2	3
Sagen, was man seinerzeit getan oder nicht getan hat, und was man heute bereut.	Jemandem vorwerfen, was er getan oder nicht getan hat.	Zusammenhänge zwischen Ereignissen in der Vergangenheit erklären.
If I had known him better, I wouldn't have married him.	*If you hadn't parked the car here, they wouldn't have towed it away.*	*If I had seen the sign, I wouldn't have parked here.*

1 Situationserklärung: Wer spricht mit wem, aus welchem Anlass, mit welcher Absicht, wann und wo?

2 Erklärung des Bauplans:

If I	*had known* ↓ *past perfect*	*you better,*		
I	*wouldn't* ↓ *would / not*	*have* ↓ *have*	*married* ↓ Verb im *past participle*	*you.*

3 Erklärung der Funktion: Was kann man damit ausdrücken?

Man verwendet das *conditional perfect,* um zu sagen, was man seinerzeit falsch gemacht hat, und was man heute bereut.

4 Vergleich mit dem Deutschen:

Das Deutsche verwendet im Bedingungssatz das Konditional II, das Englische hingegen das *past perfect (had known)*:
Wenn ich dich besser **gekannt hätte**, hätte ich dich nicht geheiratet.
*If I **had known** you better, I wouldn't have married you.*

5 Vorsicht! Fehlerfalle!

Ein sehr häufiger Fehler ist hier die Verwendung von *would* im Bedingungssatz:
* *If I would have known you better, I wouldn't have* married you. (Falsch!)

1. Suche die passenden Hauptsätze zu den vorgegebenen *if*-Sätzen.

If I had passed my exam,	A	1	I would have finished my work.
If I hadn't given him that money,	B	2	we would have got cheaper tickets.
If I had told my father about the accident,	C	3	he wouldn't have had that accident
If they hadn't cut off the electricity,	D	4	they wouldn't have caught a cold.
If you had booked the flight earlier,	E	5	I would have gone to university.
If I hadn't been so tired,	F	6	he wouldn't have crashed.
If he hadn't bought that sports car,	G	7	he wouldn't have fallen off his bike.
If he hadn't been that stoned *(betrunken)*,	H	8	I would have had enough to buy that flat.
If they had put on warm sweaters,	I	9	I might have heard the burglar.
If Tom had been an experienced driver,	J	10	he wouldn't have been so angry.

A	B	C	D	E	F	G	H	I	J

1	2	3
Sagen, was man seinerzeit getan oder nicht getan hat, und was man heute bereut.	**Jemandem vorwerfen, was er getan oder nicht getan hat.**	Zusammenhänge zwischen Ereignissen in der Vergangenheit erklären.
If I had known him better, I wouldn't have married him.	***If you hadn't parked the car here, they wouldn't have towed it away.***	*If I had seen the sign, I wouldn't have parked here.*

1 Situationserklärung: Wer spricht mit wem, aus welchem Anlass, mit welcher Absicht, wann und wo?

2 Erklärung des Bauplans:

If you	*hadn't parked*	*the car here,*		
	↓			
	past perfect			
they	*wouldn't*	*have*	*towed*	*it away.*
	↓	↓	↓	
	would / not	*have*	Verb im *past participle*	

3 Erklärung der Funktion: Was kann man damit ausdrücken?

Mit dem *conditional perfect* kann man Vorwürfe formulieren, also sagen, was jemand besser nicht getan hätte oder hätte anders machen sollen.

4 Vergleich mit dem Deutschen:

Im Deutschen verwendet man das Konditional II im Bedingungssatz. Im Englischen hingegen steht das *past perfect*.
Wenn du das Auto hier nicht **geparkt hättest**, hätten sie es nicht abgeschleppt.
*If you **hadn't parked** the car here, they wouldn't have towed it away.*

5 Vorsicht! Fehlerfalle!

Ein sehr häufiger Fehler ist die Verwendung von ***would*** im Bedingungssatz:
* *If you **wouldn't have parked** the car here, they wouldn't have towed it away.* (Falsch!)

2. Bilde aus den vorgegebenen Informationen einen entsprechenden *if*-Satz.

	Was jemand getan / nicht getan hat.	Was man hätte vermeiden können.
1	You didn't drive carefully.	You bumped into a wall.
2	You ate too much.	You felt sick.
3	You didn't switch the headlights on.	The other driver couldn't see you.
4	You didn't wear a seat-belt.	You were badly injured.
5	You didn't get up early.	You missed the bus.
6	You didn't do your homework.	The teacher was very angry.
7	You didn't look after the dog.	The dog ran away.
8	You didn't tell the neighbours about the party.	The neighbours complained about the noise.
9	You left the door open.	The computer was stolen.
10	You forgot to send an invitation card.	Mary didn't come to your party.

1 *If you had driven carefully, you wouldn't have bumped into a wall.*

2 ______

3 ______

______

4 ______

______

5 ______

6 ______

______

7 ______

8 ______

______

9 ______

______

10 ______

______

1	2	3
Sagen, was man seinerzeit getan oder nicht getan hat, und was man heute bereut.	Jemandem vorwerfen, was er getan oder nicht getan hat.	**Zusammenhänge zwischen Ereignissen in der Vergangenheit erklären.**
If I had known him better, I wouldn't have married him.	*If you hadn't parked the car here, they wouldn't have towed it away.*	***If I had seen the sign, I wouldn't have parked here.***

1 Situationserklärung: Wer spricht mit wem, aus welchem Anlass, mit welcher Absicht, wann und wo?

2 Erklärung des Bauplans:

If I *had seen* *the sign,*
↓
past perfect

I *wouldn't* *have* *parked* *here.*
↓ ↓ ↓
would / not *have* Verb im *past participle*

3 Erklärung der Funktion: Was kann man damit ausdrücken?

Mit dem *conditional perfect* kann man Zusammenhänge von Tätigkeiten oder Ereignissen in der Vergangenheit erklären.

4 Vergleich mit dem Deutschen:

Im Deutschen steht im Bedingungssatz Konditional II, im Englischen hingegen das *past perfect.*
Wenn ich das Schild **gesehen hätte**, hätte ich hier nicht geparkt.
If I ***had seen*** *the sign, I wouldn't have parked here.*

5 Vorsicht! Fehlerfalle!

Hier wird sehr häufig *past tense* im Bedingungssatz verwendet, was natürlich nicht richtig ist:
* *If I saw the sign, I wouldn't have parked here.* (Falsch!)

3. Schreibe die Satzkette auf, so, wie es im Beispiel vorgegeben ist.

Example:
I parked my car in a tow away zone → got a ticket → met a beautiful policewoman → married her → had two charming children

If I hadn't parked in a tow away zone, I wouldn't have got a ticket. If I hadn't got a ticket, I wouldn't have met a beautiful policewoman. If I hadn't met the beautiful policewoman, I wouldn't have married her. If I hadn't married her, I wouldn't have had two charming children.

1 I left the door open → the dog ran away → the dog ran after a young man → the young man was able to catch the bus → got to an interview just in time → he got the job …

2 She passed her exam → she studied foreign languages → she went to the USA → she became a famous journalist → she wrote her life story → thousands of copies were sold → she got very rich → she founded a home for handicapped children …

18 *Conditional perfect progressive* in zwei Funktionen

1	2
Sagen, was zu einem bestimmten Zeitpunkt in der Zukunft der Fall sein würde, wenn in der Vergangenheit sich etwas nicht ereignet hätte.	Sagen, was in der Vergangenheit immer noch so sein würde, wenn etwas nicht geschehen wäre.
Next week I would have been working here for 25 years if they hadn't fired me.	*You would still have been walking if I hadn't bought that scooter.*

1 Situationserklärung: Wer spricht mit wem, aus welchem Anlass, mit welcher Absicht, wann und wo?

2 Erklärung des Bauplans:

Next week I	*would*	*have been*	*working*	*here*
	↓	↓	↓	
	Modalverb	*have been*	Verb + *ing*	

for 25 years if they	*hadn't fired*	*me.*
	↓	
	past perfect	

3 Erklärung der Funktion: Was kann man damit ausdrücken?

Das *conditional perfect progressive* braucht man, um auszudrücken zu können, dass etwas zu einem bestimmten Zeitpunkt immer noch stattfinden würde, wenn ein Ereignis in der Vergangenheit nicht stattgefunden hätte.

4 Vergleich mit dem Deutschen:

Das Deutsche kennt keine Entsprechnung für die ing-Form. Ansonsten ist die Satzstruktur gleich.
Nächste Woche **würde** ich 25 Jahre hier gearbeitet haben / **hätte** ich hier 25 Jahre gearbeitet, wenn sie mich nicht **gefeuert hätten.**
*Next **week I would have been working** here for 25 years if they hadn't fired me.*

5 Vorsicht! Fehlerfalle!

Oftmals wird die Verlaufsform vergessen, wodurch die Dauer (25 Jahre) nicht richtig ausgedrückt werden kann:
** Next **week I would work** here for 25 years, if they hadn't fired me.* (Falsch!)

1. Finde die passenden Satzhälften.

Tomorrow I would have been going out with Jane for a year	A	1	if the landlord hadn't given me notice last month.
Next May I would have been living here in this flat for three years	B	2	If she hadn't retired last week.
Next week I would have been driving this car for five years	C	3	if she hadn't gone back to the States yesterday.
Next summer he would have been studying chemistry for five years	D	4	if she hadn't given me the push on Saturday.
In April she would have been working in this office for 30 years	E	5	if he hadn't given up last month.
Next month she would have been living in Germany for 10 years	F	6	if I hadn't crashed last night.

A	B	C	D	E	F

2. Finde passende Ergänzungen zu diesen Satzanfängen.

1 You would still have been lying in bed at nine o'clock ______________________

2 You would still have been working on that essay yesterday ______________________

____

3 The children would still have been sitting in front of the computer at midnight

____

4 You would still have been suffering from headaches when you started your job

____

1	2
Sagen, was zu einem bestimmten Zeitpunkt in der Zukunft der Fall sein würde, wenn in der Vergangenheit sich etwas nicht ereignet hätte.	**Sagen, was in der Vergangenheit immer noch so sein würde, wenn etwas nicht geschehen wäre.**
Next week I would have been working here for 25 years if they hadn't fired me.	***You would still have been walking if I hadn't bought that scooter.***

1 Situationserklärung: Wer spricht mit wem, aus welchem Anlass, mit welcher Absicht, wann und wo?

2 Erklärung des Bauplans:

You	*would*	*still*	*have been*	*walking*
	↓		↓	↓
	Modalverb		*have been*	Verb + *ing*
if I	*hadn't bought*	*that scooter.*		
	↓			
	past perfect			

3 Erklärung der Funktion: Was kann man damit ausdrücken?

Man verwendet das *conditional perfect progressive,* um zu sagen, dass ein Zustand in der Vergangenheit immer noch fortdauern würde, wenn man nichts unternommen hätte.

4 Vergleich mit dem Deutschen:

Das Deutsche und das Englische unterscheiden sich in der Wahl der Zeitformen.
Du **würdest** immer noch zu Fuß gehen, wenn ich diesen Roller nicht **gekauft hätte**.
*You **would still have been walking** if I **hadn't bought** that scooter.*

5 Vorsicht! Fehlerfalle!

Auch hier wird die Verlaufsform vergessen, was zu einem relativ unverständlichen Satz führt:
** You **would still walk** if I hadn't bought that scooter.* (Falsch!)

3. Suche die passenden Satzhälften.

You would still have been living with your mum	A	1	if I hadn't paid the bail.
You would still have been in prison	B	2	If I hadn't rented that new flat in the town centre.
You would still have been driving that old Ford	C	3	if I hadn't sent you to that computer course.
We would still have been living in that rotten house	D	4	if I hadn't married you.
You would still have been using that old typewriter	E	5	If I hadn't sent you to that interview.
You would still have been smoking a lot.	F	6	if I hadn't lent you the money for a new car.
You would still have been looking for a job	G	7	if I hadn't sent you to that withdrawal treatment.

A	B	C	D	E	F	G

19 *Simple present passive* in vier Funktionen

1	2	3	4
Sagen, was regelmäßig mit etwas geschieht.	Etwas mitteilen, meinen oder vermuten.	Sagen, was alles zu tun ist.	Sagen, wie sich etwas handhaben lässt.
The classroom is cleaned every day.	*She is said to be very rich.*	*The bill must be paid in cash.*	*The instructions read well.*

1 Situationserklärung: Wer spricht mit wem, aus welchem Anlass, mit welcher Absicht, wann und wo?

2 Erklärung des Bauplans:

a)	*The office*	*is*	*cleaned*	*every day.*
b)	*All the rooms*	*are*	*cleaned*	*every day.*
c)	*The office*	*is*	*cleaned*	*by the caretaker.*
		↓	↓	↓
		Form von *be*	*past participle*	*by + agent*

3 Erklärung der Funktion: Was kann man damit ausdrücken?

Mit den Sätzen a) und b) drückt man aus, was mit einem Objekt (hier: Büro, Räume) regelmäßig geschieht. Wer dies macht, ist entweder bekannt oder uninteressant.
Im Satz c) hingegen wird betont, dass der Hausmeister die Reinigung durchführt.

4 Vergleich mit dem Deutschen:

The office	***is cleaned***	*every day.*
Das Büro	**wird**	jeden Tag **gereinigt**.

5 Vergleich mit anderen Formen im Englischen:

Active voice: *The caretaker cleans the office.*
Hier wird gesagt, was der Hausmeister unter anderem regelmäßig macht.
Passive voice: *The office **is cleaned** by the caretaker.*
Hier steht die Handlung im Vordergrund. Es wird betont, dass das Büro gereinigt wird und dass dies der Hausmeister macht.

1. Der Hausmeister erklärt einer neu zugezogenen Familie, was in der Wohnanlage regelmäßig geschieht. Schreibe Sätze zu den Bildern.

1 (hedge / cut)

The hedge is cut once a year.

2 (fence / paint)

The fence ______________________________

every four year.

3 (grass / cut)

The ______________________________

every month.

4 (bushes / cut)

The bushes ______________________________

every other year.

5 (dustbin / empty)

The ______________________________

every week.

6 (stairs / clean)

____

every Saturday.

1	2	3	4
Sagen, was regelmäßig mit etwas geschieht.	**Etwas mitteilen, meinen oder vermuten.**	Sagen, was alles zu tun ist.	Sagen, wie sich etwas handhaben lässt.
The classroom is cleaned every day.	***She is said to be very rich.***	*The bill must be paid in cash.*	*The instructions read well.*

1 Situationserklärung: Wer spricht mit wem, aus welchem Anlass, mit welcher Absicht, wann und wo?

2 Erklärung des Bauplans:

She	*is*	*said*	*to be*	*very rich.*
They	*are*	*believed*	*to be*	*millionaires.*
They	*are*	*known*	*to be*	*greedy.*
	↓	↓	↓	
	Form von *be*	*past participle*	Infinitiv	

3 Erklärung der Funktion: Was kann man damit ausdrücken?

Das Passiv mit Infinitiv verwendet man, um über Vermutungen oder Annahmen zu sprechen.

4 Vergleich mit dem Deutschen:

She is said to be very rich.
Man sagt, dass sie sehr reich sein soll.
They are believed to be millionaires.
Man glaubt, dass sie Millionäre sind.
They are known to be greedy.
Sie sind als gierig bekannt.
They are supposed to be very clever.
Man nimmt an, dass sie sehr klug sind. = Sie sollen angeblich sehr klug sein.

Im Deutschen gibt es also keine vergleichbare Passiv-Konstruktion, darum werden solche Sätze auch mit dass-Sätzen wiedergegeben.

5 Vergleich mit anderen Formen im Englischen

Active voice: *People say that she very rich.*
Passive voice: a) *She is said to be very rich.*
b) *It is said that she's very rich.*

2. Kennst du dich mit Tieren aus? Was sagt man den einzelnen Tieren nach? Vervollständige die folgenden Sätze.

1 What do you know about foxes?

You: *They are said to be very cunning.*

2 What do you know about dolphins?

You: They are said ______________________________

3 What do you know about elephants?

You: They are said to have a ______________________________

4 What do you know about dogs?

You: They ______________________________

5 What do you know about crocodiles?

You: ______________________________

6 What do you know about cows?

You: ______________________________

7 What do you know about cats?

You: ______________________________

dangerous intelligent good memory cunning faithful clever stupid

1	2	3	4
Sagen, was regelmäßig mit etwas geschieht.	Etwas mitteilen, meinen oder vermuten.	**Sagen, was alles zu tun ist.**	Sagen, wie sich etwas handhaben lässt.
The classroom is cleaned every day.	*She is said to be very rich.*	***The bill must be paid in cash.***	*The instructions read well.*

1 Situationserklärung: Wer spricht mit wem, aus welchem Anlass, mit welcher Absicht, wann und wo?

2 Erklärung des Bauplans:

The bill	*must*	*be*	*paid*	*in cash.*
Your key	*should*	*be*	*handed in*	*before 7.30.*
Rooms	*have to*	*be*	*cleaned*	*before you leave.*
	↓	↓	↓	
	Hilfsverb	*be*	*past participle*	

3 Erklärung der Funktion: Was kann man damit ausdrücken?

Mit diesen Sätzen drückt man aus, was alles getan werden muss.

4 Vergleich mit dem Deutschen:

The bill ***must be paid*** *in cash.*
Die Rechnung **muss** bar **bezahlt werden.**

5 Vergleich mit anderen Formen im Englischen:

Active voice: *You should hand in your key before 7.30.*
Passive voice: *Your key should be handed in before 7.30.*
Der Satz im Passiv klingt offizieller. Regeln werden oftmals als Passivsätze formuliert.

3. Man sollte ein Klassenzimmer nicht in einem fürchterlichen Zustand hinterlassen. Erklāre das auf Englisch.

Before you leave the classroom the following things must / should / have to be done:

1 (clean / board)

The board must be cleaned.

2 (shut / windows)

All the windows ______________________________

____

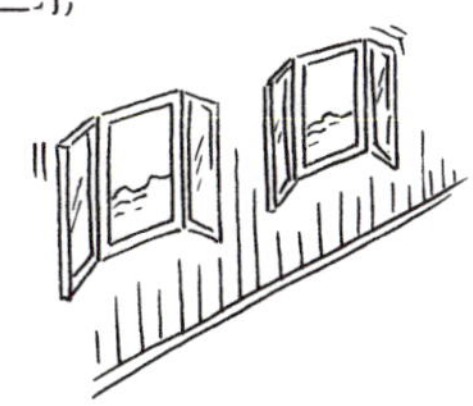

3 (pick up / papers)

All the papers ______________________________

____

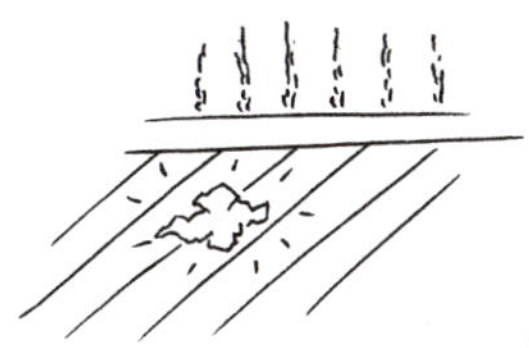

4 (waste bin / empty)

The ______________________________

____

5 (fish / feed)

____

____

6 (plants / water)

____

____

7 (books / cupboard)

____

____

8 (door / lock)

____

____

1	2	3	4
Sagen, was regelmäßig mit etwas geschieht.	Etwas mitteilen, meinen oder vermuten.	Sagen, was alles zu tun ist.	**Sagen, wie sich etwas handhaben lässt.**
The classroom is cleaned every day.	*She is said to be very rich.*	*The bill must be paid in cash.*	***The instructions read well.***

1 Situationserklärung: Wer spricht mit wem, aus welchem Anlass, mit welcher Absicht, wann und wo?

2 Erklärung des Bauplans:

The car	*runs*	*very*	*smoothly.*
The seats	*clean*		*easily.*
The instructions	*read*		*well.*
	↓		↓
	Verb		Adverb

Der Form nach sind dies Aktivsätze, die eine passivische Bedeutung haben. Sie können nur mit ganz bestimmten Tätigkeitsverben gebildet werden, die meist durch ein Adverb näher bestimmt werden.

3 Erklärung der Funktion: Was kann man damit ausdrücken?

Man drückt damit aus, wie sich etwas handhaben lässt oder wie etwas funktioniert.

4 Vergleich mit dem Deutschen:

*The car **runs very smoothly**.*
Das Auto **lässt sich sehr angenehm fahren.** =
Das Auto **fährt sich sehr angenehm.**
*The seats **clean easily**.*
Die Sitze **lassen sich leicht reinigen.**
*The instructions **read well**.*
Die Anleitungen **lassen sich gut lesen.**
*But you **don't photograph well**.*
Aber du **lässt dich nicht gut fotografieren.** =
Aber du **bist nicht fotogen.**

5 Vergleich mit anderen Formen im Englischen:

*The seats **clean easily**.*
*You **can clean** the seats **easily**.*

4. Welche Reaktionen passen zu den folgenden Aussagen?

1 They sell a lot of duffel-coats in January.

A Yes, it really cleans easily.

2 This car is a dream. You can drive it so easily.

B Yes, it really reads easily.

3 Look all the stains are gone. It's the best sofa I've ever had.

C Yes, they really don't wear well.

4 Look here. Don't move. Say "cheese".

D Yes, they sell well in winter.

5 It's the first book in French I've ever read. I understood most of it.

E You really don't photograph well.

6 These socks have got holes in them already.

F You're right. It really runs well.

1	2	3	4	5	6

20 *Present progressive passive* in drei Funktionen

1	2	3
Sagen, was mit jemandem oder etwas gerade geschieht.	Sagen, durch wen oder was ein momentanes Ereignis verursacht wird.	Sagen, wie sich etwas momentan anlässt.
*All the trees **are being** cut down.*	*This area is being monitored by close circuit cameras.*	*His book is selling well.*

1 Situationserklärung:
Wer spricht mit wem, aus welchem Anlass, mit welcher Absicht, wann und wo?

2 Erklärung des Bauplans:

A ring road	*is*		*being*		*built.*	
All the trees	*are*		*being*		*cut*	*down.*
	↓		↓		↓	
	Form von *be*	+	*being*	+	*past participle*	

3 Erklärung der Funktion: Was kann man damit ausdrücken?

Man sagt, was gerade mit etwas geschieht. Wer das macht, ist entweder bekannt oder uninteressant, darum steht auch kein *by-agent*.

4 Vergleich mit dem Deutschen:

*A ringroad **is being built**.*
Eine Umgehungsstraße **wird gerade gebaut**.
*All the trees **are being cut** down.*
Es **werden gerade** alle Bäume **gefällt**.
Im Deutschen gibt es keine entsprechende Zeitform zur englischen Verlaufsform, darum wird bei der Übersetzung „gerade, momentan" oder „im Augenblick" ergänzt.

5 Vergleich mit anderen Formen im Englischen:

Active voice: *My neighbour **is cutting** down all the trees in his garden.*
Mein Nachbar fällt gerade alle Bäume in seinem Garten.
(Hier wird betont, **was der Nachbar gerade macht.**)
Passive voice: *All the trees **are being cut down**.*
Alle Bäume werden gerade gefällt.
(Hier wird betont, **was gerade mit den Bäumen geschieht.**)

1. Maria schreibt ihrer Freundin aus England eine E-Mail und berichtet darin, was sich zur Zeit alles in ihrem Dorf verändert. Wie drückt sie auf Englisch aus, dass …

1 gerade eine Umgehungsstraße gebaut wird. *(build)*

A ring road is being built.

2 ihre Schule gerade erweitert wird. *(extend)*

My school ______

3 gerade ein riesiges Einkaufszentrum geplant wird. *(plan)*

______

4 die alte Scheune gerade abgerissen wird. *(barn / pull down)*

______

5 ein Vergnügungspark gerade gebaut wird. *(amusement park)*

______

6 der Schulhof gerade geteert wird. *(tar / school yard)*

______

7 einige Bäume gerade gepflanzt werden. *(plant)*

______

8 die Kirche gerade renoviert wird. *(renovate)*

______

1	2	3
Sagen, was mit jemandem oder etwas gerade geschieht.	**Sagen, durch wen oder was ein momentanes Ereignis verursacht wird.**	Sagen, wie sich etwas momentan anlässt.
All the trees are being cut down.	***This area is being monitored by close circuit cameras.***	*His book is selling well.*

1 Situationserklärung: Wer spricht mit wem, aus welchem Anlass, mit welcher Absicht, wann und wo?

2 Erklärung des Bauplans:

This area	*is*	*being*	*monitored*	*by close circuit cameras.*
Cameras	*are*	*being*	*installed*	*by the store detectives.*
	↓	↓	↓	↓
	Form von *be*	+ *being* +	*past participle*	+ *by-agent*

3 Erklärung der Funktion: Was kann man damit ausdrücken?

Hier wird zusätzlich gesagt, durch was oder durch wen etwas gerade geschieht. Die Überwachung geschieht im Augenblick, aber nicht ständig. Der *by-agent* kann entweder eine Person *(store detective)* oder auch ein Gegenstand *(camera)* sein.

4 Vergleich mit dem Deutschen:

This area ***is being monitored by close circuit cameras.***
Dieser Bereich **wird gerade durch Video-Kameras überwacht.**
(Die Verlaufsform wird durch „gerade" deutlich gemacht.)

5 Vergleich mit anderen Formen im Englischen:

Active voice: *Store detectives are installing new cameras.*
Passive voice: *New cameras are being installed* ***by the store detectives.***

Im Passivsatz wird besonders hervorgehoben, dass Hausdetektive die Kameras angebracht haben.

2. Der Präsident kommt zu Besuch. Da muss für Sicherheit gesorgt werden. Was findest du wichtig oder weniger wichtig? Setze ein Kreuz in die entsprechende Spalte.

		important	less important
1	The whole area is being monitored by cameras.	☐	☐
2	All the houses near the station are being searched by tracker dogs (*Spürhunde*).	☐	☐
3	Each visitor is being searched by the police.	☐	☐
4	Some people are being photographed by the Secret Service.	☐	☐
5	Leaflets (*Handzettel*) are being distributed (*verteilen*) by helpers.	☐	☐
6	First aid tents are being put up by the Red Cross.	☐	☐
7	The traffic is being diverted (*umleiten*) by the police.	☐	☐
8	Lots of streets are being closed by the police.	☐	☐
9	The whole town is being watched by helicopters.	☐	☐
10	The police chief (*Polizeichef*) is being interviewed by hundreds of reporters.	☐	☐

1	2	3
Sagen, was mit jemandem oder etwas gerade geschieht.	Sagen, durch wen oder was ein momentanes Ereignis verursacht wird.	**Sagen, wie sich etwas momentan anlässt.**
All the trees are being cut down.	*This area is being monitored by close circuit cameras.*	***His book is selling well.***

1 Situationserklärung: Wer spricht mit wem, aus welchem Anlass, mit welcher Absicht, wann und wo?

2 Erklärung des Bauplans:

His	*book*	*is*	*selling*	*well.*
His	*albums*	*are*	*selling*	*well, too.*
	↓	↓	↓	
	Subjekt +	Form von *be* +	*present progressive*	

Von der Form her sind dies Aktivsätze, die aber eine passivische Bedeutung haben. Sie können nur mit ganz bestimmten Tätigkeitsverben gebildet werden, die meist durch ein Adverb (z. B. *well*) näher bestimmt werden.

3 Erklärung der Funktion: Was kann man damit ausdrücken?

Man kann damit sagen, was mit etwas zur Zeit passiert: Das Buch verkauft sich gut.

4 Vergleich mit dem Deutschen:

His book is selling well.
Sein Buch **verkauft sich zur Zeit** gut. Oder:
Dieses Buch **wird zur Zeit** gut **verkauft.**
Die Verlaufsform wird im Deutschen durch „zur Zeit“ oder „gerade“ zum Ausdruck gebracht.

5 Vergleich mit anderen Formen im Englischen:

Simple form
His book sells well.
Sein Buch verkauft sich gut.
Progressive form
His book is selling well.
Sein Buch verkauft sich **zur Zeit** gut.

3. Eine Verkäuferin unterhält sich mit ihrer Kollegin.

Sie sagt,

1 dass sich MP3 Player zur Zeit gut verkaufen.

MP 3 players are selling well.

2 dass sich Notebooks zur Zeit nicht gut verkaufen.

3 dass sich die Karten für das Freilichtkonzert zur Zeit gut verkaufen.

4 dass sich ihr Auto zur Zeit traumhaft *(like a dream)* fahren lässt.

5 dass im „Rex“ zur Zeit ein neuer Film gezeigt wird.

6 dass im Nationaltheater zur Zeit „Ein Sommernachtstraum“ *(A Midsummer Night's Dream)* gespielt wird.

21 *Simple past passive* in vier Funktionen

1	2	3	4
Berichten, was mit Personen und Dingen passierte.	Sagen, was man tun oder nicht tun durfte.	Sagen, was man bekommen hat.	Nach den Ursachen oder Verursachern fragen
Shop windows were smashed.	*I was allowed to take some pictures.*	*I was given his gold watch.*	*What was the fire caused by?*

1 Situationserklärung: Wer spricht mit wem, aus welchem Anlass, mit welcher Absicht, wann und wo?

2 Erklärung des Bauplans:

Some hooligans	*were*		*taken*	*to hospital.*
A police car	*was*		*set*	*on fire.*
	↓		↓	
	Form von *be*	+	*past participle*	

3 Erklärung der Funktion: Was kann man damit ausdrücken?

Hier wird geschildert, was mit Personen oder Gegenständen passierte. Die Verursacher werden nicht genannt.
Some hooligans were taken to hospital.
A police car was set on fire (by the hooligans).

4 Vergleich mit dem Deutschen:

*Some hooligans **were taken** to hospital.*
Einige Hooligans **wurden** ins Krankenhaus **gebracht**.
Im Englischen wird das Hilfszeitwort nicht vom Zeitwort getrennt *(were taken)*. Im Deutschen steht die Ortsangabe dazwischen, was im Englischen nicht möglich wäre.

5 Vergleich mit anderen Formen im Englischen:

Active voice: *They set a police car on fire.*
Passive voice: *A police car was set on fire.*
Der Passiv-Satz betont stärker, was die Hooligans dort angerichtet haben. Darum werden verkürzte Passiv-Sätze auch gern für Schlagzeilen genommen: *Police car set on fire!*

1. **Zeitungsüberschriften werden oftmals sehr knapp formuliert. Was passierte gestern alles bei den Ausschreitungen nach einem Fußballspiel? Formuliere es in ganzen Sätzen.**

Zeitungsüberschriften	... und was sie bedeuten
1 Fans damage bus shelters in London suburb	*Several bus shelters were damaged by fans in a London suburb last night.*
2 Chelsea fans set bus on fire	A bus ______
3 Football rowdies throw bottles and cans at police	Bottles and cans ______
4 Chelsea fans seriously injure twenty-five ManU supporters	______
5 Ambulancemen rush policeman to hospital	______
6 Hooligans smash windows!	______
7 Unruly fans spray trains and buses with graffiti	______

1	2	3	4
Berichten, was mit Personen und Dingen passierte.	**Sagen, was man tun oder nicht tun durfte.**	Sagen, was man bekommen hat.	Nach den Ursachen oder Verursachern fragen
Shop windows were smashed.	***I was allowed to take some pictures.***	*I was given his gold watch.*	*What was the fire caused by?*

1 **Situationserklärung:** Wer spricht mit wem, aus welchem Anlass, mit welcher Absicht, wann und wo?

2 **Erklärung des Bauplans:**

Who		*were*	*the police*		*attacked*		*by?*
What		*was*	*the fire*		*caused*		*by?*
		↓			↓		↓
Fragewort	+	Form von *be*		+	*past participle*	+	*by*

3 **Erklärung der Funktion:** Was kann man damit ausdrücken?

Man fragt nach den Ursachen oder nach den Verursachern eines Vorgangs.

4 **Vergleich mit dem Deutschen:**

Who were the police attacked ***by****?*
Von **wem** wurde die Polizei angegriffen?
Fragewort und *by* „klammern“ den englischen Satz ein (who … by?).
Im Deutschen werden „von“ und „wem“ nicht getrennt (von wem …?).

5 **Vergleich mit anderen Formen im Englischen:**

Who attacked the police?
Who were the police attacked ***by****?*
Beide Sätze sind gleichbedeutend.

2. **Mike war wegen eines Unfalls zwei Wochen im Krankenhaus. Die Schwestern und Ärzte waren sehr streng. Was durfte er alles nicht tun?**

1 I wanted to get up the following day, but the doctors said "No!"

He wasn't allowed to get up the following day. ______

2 I wanted to have chicken for lunch, but the nurse said "No!".

He wasn't allowed to ______

3 I wanted to watch tennis on television, but again, nurse Mary said "No!".

He ______

4 I wanted to leave the hospital on Friday, but the doctors said "No!".

______

5 I wanted to listen to my own CDs, but the other patients said "No!".

______

6 I wanted to drink some champagne, but the doctor said "No!".

______

Er durfte nur Bücher lesen, Freunde zu Besuch haben und den ganzen Tag Tee trinken. Drücke dies auf Englisch aus.

7 He was allowed to ______

8 He ______

9 ______

1	2	3	4
Berichten, was mit Personen und Dingen passierte.	Sagen, was man tun oder nicht tun durfte.	**Sagen, was man bekommen hat.**	Nach den Ursachen oder Verursachern fragen
Shop windows were smashed.	*I was allowed to take some pictures.*	***I was given his gold watch.***	*What was the fire caused by?*

1 Situationserklärung: Wer spricht mit wem, aus welchem Anlass, mit welcher Absicht, wann und wo?

2 Erklärung des Bauplans:

I		*was*		*given*	*his gold watch.*
They		*were*		*promised*	*a lot of money.*
↓		↓		↓	
Subjekt	+	Form von *be*	+	*past participle*	

3 Erklärung der Funktion: Was kann man damit ausdrücken?

Man sagt, was man bekommen hat, was einem angeboten oder versprochen wurde.
I was given his gold watch.
Das Subjekt ist bei dieser Art von Sätzen meist eine Person. Deshalb bezeichnet man dieses Passiv auch als das „persönliche Passiv".

4 Vergleich mit dem Deutschen:

I was given his gold watch.
Ich bekam seine goldene Uhr.
They were promised a lot of money.
Man versprach ihnen viel Geld.
Die englischen Passivsätze werden im Deutschen oft mit Aktiv-Sätzen wiedergegeben. Oft werden dabei Wörter wie „man" oder „jemand" verwendet.

5 Vergleich mit anderen Formen im Englischen:

Active voice
They gave me his gold watch.
Passive voice
Persönliches Passiv: *I was given his gold watch.*
Mit direktem Objekt: *His gold watch was given to me.*

3. Peter hatte einen tollen Ferienjob. Er erzählt, was er alles bekommen, was man ihm angeboten oder versprochen hat. Verwende die Verben *to offer* – anbieten und *to promise* – versprechen.

(1) Man hat ihm einen tollen Job angeboten, (2) man hat ihm Lohnzuschlag für die Arbeit am Samstag gegeben, (3) man hat ihm zwei Tage frei versprochen, (4) man hat ihm einen Firmenwagen angeboten, (5) man hat ihm einen Computer versprochen, (6) man hat ihm ein ausgezeichnetes Arbeitszeugnis gegeben, (7) man hat ihm einen noch besseren Job für das kommende Jahr versprochen.

1 I *was offered* ________________ a fantastic job in a computer firm.

2 I ________________________ extra money for Saturday work.

3 I ________________________ three days off.

4 I ________________________ a company car.

5 I ________________________ a computer.

6 I ________________________ an excellent report of my work.

7 I ________________________ an even better job for next year.

1	2	3	4
Berichten, was mit Personen und Dingen passierte.	Sagen, was man tun oder nicht tun durfte.	Sagen, was man bekommen hat.	**Nach den Ursachen oder Verursachern fragen.**
Shop windows were smashed.	*I was allowed to take some pictures.*	*I was given his gold watch.*	***What was the fire caused by?***

1 Situationserklärung:
Wer spricht mit wem, aus welchem Anlass, mit welcher Absicht, wann und wo?

2 Erklärung des Bauplans:

I	*was*	*allowed*	*to take*	*some pictures.*
I	*was not*	*permitted*	*to interview*	*a policeman.*
Nobody	*was*	*given permission*	*to talk*	*to the press.*
We	*weren't*	*allowed*	*to interview*	*the hooligans.*
	Were you	*allowed*	*to take*	*any pictures?*
	↓	↓	↓	
	Form von *be*	+ *past participle*	+ *to-infinitive*	

3 Erklärung der Funktion: Was kann man damit ausdrücken?

Man drückt damit aus, was man tun oder nicht tun durfte.

4 Vergleich mit dem Deutschen:

*I **was allowed to take** some pictures.*
Ich hatte die Erlaubnis, einige Fotos zu machen. =
Ich durfte einige Fotos machen.

5 Vergleich mit anderen Formen im Englischen:

Taking photos is not permitted.
(klingt sehr offiziell)
You're not allowed to take any pictures.
(klingt weniger offiziell)

4. **Wer hat was erfunden oder geschrieben?
Kreuze die richtige Antwort an.**

1	The steam engine was invented by …	☐ Newton	☐ Watt
2	Paper was first used by the …	☐ Chinese	☐ Japanese
3	The first telephone was built by …	☐ Bell	☐ Edison
4	Dynamite was invented by …	☐ Nobel	☐ Krupp
5	The electric light bulb was invented by …	☐ Otto	☐ Edison
6	America was discovered by …	☐ Columbus	☐ Lincoln
7	Air-filled tyres were invented by …	☐ Firestone	☐ Dunlop
8	The first underground was built by the …	☐ British	☐ French
9	X-rays were discovered by …	☐ Röntgen	☐ Flemming
10	The first Diesel engine was built by …	☐ Otto	☐ Diesel
11	The first motor plane was built by the ….	☐ Wrights	☐ Blacks
12	*Robinson Crusoe* was written by …	☐ Defoe	☐ Hemmingway
13	Porcelain was invented by the ….	☐ Chinese	☐ Turks
14	*Romeo and Juliet* was written by …	☐ Shakespeare	☐ Thurber

22 Past progressive passive

1
Sagen, was mit einer Person oder einem Gegenstand zu einer bestimmten Zeit in der Vergangenheit geschah.
When we arrived at the hotel the windows were being painted and the roof was being renovated.

1 Situationserklärung: Wer spricht mit wem, aus welchem Anlass, mit welcher Absicht, wann und wo?

When we arrived at the hotel the road was being mended,
the windows were being painted and the roof was being renovated.

2 Erklärung des Bauplans:

The road	*was*		*being*		*mended.*
The windows	*were*		*being*		*painted.*
	↓		↓		↓
	Form von *be*	+	*being*	+	*past participle*

3 Erklärung der Funktion: Was kann man damit ausdrücken?

Man berichtet, was mit einer Person oder mit einem Gegenstand zu einem bestimmten Zeitpunkt in der Vergangenheit geschah *(When we arrived ...)*.

4 Vergleich mit dem Deutschen:

*When we arrived at the hotel the windows **were being painted**.*
Als wir am Hotel ankamen, **wurden** die Fenster **gerade gestrichen**.
*The road **was being mended**.*
Die Straße **wurde gerade ausgebessert**.

Die Verlaufsform wird durch „gerade" im Deutschen wiedergegeben.

5 Vergleich mit anderen Formen im Englischen:

Active voice: ***They were laughing at** the manager.*
Passive voice: *The manager **was being laughed at**.*
Das gibt stärker zum Ausdruck, dass hier etwas mit dem Manager des Hotels geschieht. Die Perspektive ist eine andere, die Aussage ist in beiden Sätzen gleich.

1. Als wir in unser Ferienhaus einziehen wollten, mussten wir feststellen, dass dies noch nicht möglich war. Das Personal war gerade dabei, die Spuren unserer Vorgänger zu beseitigen. Formuliere englische Sätze zu den Bildern.

When we arrived,

1 (windows / clean)

the windows were being cleaned.

2 (lawn / cut)

the lawn was ____________________

3 (beds / make)

____

4 (carpet / hoover)

____

5 (scrub / floor)

____

6 (change / towels)

____

7 (rubbish bin / empty)

____

8 (fence / mend)

____

23 *Present perfect passive* in zwei Funktionen

1	2
Sagen, was mit einer Person oder einem Gegenstand geschehen ist.	Vermuten, was mit einer Person oder einem Gegenstand passiert sein könnte
The rooms have been tidied.	*She might have been told off.*

1 Situationserklärung: Wer spricht mit wem, aus welchem Anlass, mit welcher Absicht, wann und wo?

2 Erklärung des Bauplans:

The rooms	*have*	*been*	*tidied.*
My hair	*has*	*been*	*done.*
	↓	↓	↓
	Form von *have* +	*been* +	*past participle*

3 Erklärung der Funktion: Was kann man damit ausdrücken?

Man sagt, was alles erledigt wurde und betont dabei das Ergebnis.

4 Vergleich mit dem Deutschen:

His nappy ***has been changed.***
Seine Windel **wurde gewechselt.**
The rooms ***have been tidied.***
Die Zimmer **wurden aufgeräumt.**
The floor ***has been hoovered.***
Der Fußboden **wurde gesaugt.**

5 Vergleich mit anderen Formen im Englischen:

Active voice: ***I've tidied*** *the rooms.*
Passive voice: *The rooms* ***have been tidied.***
Die Passiv-Konstruktion hebt das Objekt *(the rooms)* hervor.

1. Beschreibe, was sich verändert hat.

1 (hair / do)

Her hair has been done. ______________________________

2 (trousers / mend)

____

3 (fingernails / cut)

____

4 (bad tooth / pull out)

____

5 (beard / shave off)

____

6 (hair / trim)

____

1	2
Sagen, was mit einer Person oder einem Gegenstand geschehen ist.	**Vermuten, was mit einer Person oder einem Gegenstand passiert sein könnte.**
The rooms have been tidied.	***She might have been told off.***

1 Situationserklärung: Wer spricht mit wem, aus welchem Anlass, mit welcher Absicht, wann und wo?

She might have been told off.
She could have been smacked.
She must have been laughed at.
Her doll might have been taken away from her.

2 Erklärung des Bauplans:

She	*might*		*have been*		*told*	*off.*
She	*could*		*have been*		*smacked.*	
She	*must*		*have been*		*laughed*	*at.*
	↓		↓		↓	
	Hilfsverb	+	*have been*	+	*past participle*	

3 Erklärung der Funktion: Was kann man damit ausdrücken?

Man spekuliert, was mit dem Mädchen oder seiner Puppe passiert sein könnte.

4 Vergleich mit dem Deutschen:

She might have been told off.
Es könnte sein, dass sie geschimpft wurde.
She could have been smacked.
Sie könnte geschlagen worden sein.
She must have been laughed at.
Sicherlich ist sie ausgelacht worden.
Her doll might have been taken away from her.
Es könnte sein, dass ihre Puppe ihr weggenommen wurde.

5 Vergleich mit anderen Formen im Englischen:

Active voice: *Somebody **might have smacked** her.*
Passive voice: *She **might have been smacked**.*

2. Was ist mit dem armen Kerl denn passiert? Stelle Vermutungen an.

Das ist sicherlich so gewesen. *(must have been)*	Das könnte so gewesen sein. *(could have been)*	Das könnte eventuell so gewesen sein, ist aber sehr unwahrscheinlich. *(might have been)*
A1 Er ist sicherlich von einem anderen Hund gebissen worden.	B1 Er könnte von jemanden geschlagen worden sein.	C1 Er könnte eventuell von einem PKW überfahren worden sein.
He must have been bitten by another dog.	*He could have been beaten by somebody.*	*He might have been knocked down by a car.*
A2 Er ist sicherlich verjagt worden. *(chase away)*	B2 Er könnte von seinem Besitzer ausgesetzt worden sein. *(abandon)*	C2 Er könnte von jemanden vom Gehsteig gestoßen worden sein. *(push / pavement)*
______________________ ______________________	______________________ ______________________	______________________ ______________________
A3 Er ist sicherlich von einem Stein getroffen worden. *(hit / stone)*	B3 Er könnte von jemandem gequält worden sein. *(torment)*	C3 Er könnte aus einem fahrenden Auto gestoßen worden sein. *(push out of / moving car)*
______________________ ______________________	______________________ ______________________	______________________ ______________________

24 *Past perfect passive*

1
Sagen, was mit einer Person oder einem Gegenstand vor einem bestimmten Ereignis in der Vergangenheit geschehen war.

1 Situationserklärung: Wer spricht mit wem, aus welchem Anlass, mit welcher Absicht, wann und wo?

When Mr Hunter went abroad, he had been sacked by his employer, his house had been searched by the police and his car had been confiscated.

2 Erklärung des Bauplans:

When Mr Hunter went abroad,

he	*had been*	*sacked*	*by his employer and*
his car	*had been*	*confiscated.*	
	↓	↓	
	had been +	*past participle*	

3 Erklärung der Funktion: Was kann man damit ausdrücken?

Man sagt, was mit einer Person *(Mr Hunter …)* vor einem bestimmten Ereignis *(… went abroad …)* geschehen war *(… he had been sacked).* Ebenso kann man sagen, was mit einem Gegenstand geschehen war *(… his car had been confiscated.)*

4 Vergleich mit dem Deutschen:

When Mr Hunter went abroad,
he had been sacked by his employer,
his house had been searched by the police,
his car had been confiscated.
Als Mr Hunter ins Ausland ging,
war er von seinem Arbeitgeber entlassen worden,
war sein Haus von der Polizei durchsucht worden,
war sein Auto beschlagnahmt worden.

5 Vergleich mit anderen Formen im Englischen:

Past perfect passive: *When Mr Hunter went abroad, he had been sacked by his employer.*

Simple past passive: *Before Mr Hunter went abroad, he was sacked by his employer.*

Past perfect macht deutlich, dass ein Ereignis vor einem anderen stattgefunden hat. Im *simple past* wird eine Abfolge von Ereignissen erzählt.

1. Linda hat ein tolles Geburtstagsgeschenk bekommen – ein eigenes Zimmer im Dachgeschoss. Bevor sie einziehen konnte, waren noch viele Arbeiten nötig.

When Linda moved into her room,

1 (paint / pink)

the walls had been painted pink. ______

2 (dormer window / install)

a dormer window ______

3 (wall-to-wall carpeting / fit)

wall-to-wall carpeting ______

4 (central heating / install)

______

5 (ceiling lamps / hang up)

______

6 (wardrobe / fit in)

______

25 Will-future passive

1
Sagen, was mit einer Person oder einem Gegenstand geschehen wird.

1 Situationserklärung: Wer spricht mit wem, aus welchem Anlass, mit welcher Absicht, wann und wo?

Boat trip – Tomorrow

Breakfast will be served on board the ship.
You will be taken to a nice restaurant on the beach.
Refreshments will be provided during the day.
You will be brought back at ten.

2 Erklärung des Bauplans:

Breakfast	*will*	*be*	*served*	*on board the ship.*
You	*will*	*be*	*brought*	*back at ten.*
We	*shall*	*be*	*taken*	*back at ten.*
	↓	↓	↓	
	will / shall +	*be* +	*past participle*	

3 Erklärung der Funktion: Was kann man damit ausdrücken?

Man drückt aus, was mit einer Person *(You will be taken to a nice restaurant.)* oder einem Gegenstand *(**Breakfast** will be served on board the ship.)* geschehen wird.

4 Vergleich mit dem Deutschen:

Breakfast will be served on board the ship.
Das Frühstück wird an Bord serviert (werden).
You will be taken to a nice restaurant on the beach.
Sie werden zu einem netten Restaurant am Strand gebracht.
Refreshments will be provided during the day.
Erfrischungen werden tagsüber bereitgestellt.
We shall be taken back at ten.
Wir werden um 10 Uhr zurück gebracht.

5 Vergleich mit anderen Formen im Englischen:

*Breakfast **is served** on board the ship.*
*Breakfast **will be served** on board the ship.*
Satz 1 ist eine neutrale Aussage ohne Zeitbezug.
Satz 2 ist eine Zusicherung.

1. Familie Smith fliegt in den Urlaub. Der Hund darf leider nicht mit und muss deshalb in einem Tierheim untergebracht werden. Die Smiths sind natürlich besorgt um ihren Liebling. Deshalb beruhigt sie der Tierpfleger. Schreibe seine Versprechungen hin.

Don't worry about your dog when you are on holiday.

1 (pick up / pick-up service)

Your dog will be picked up by our pick-up service.

2 (take out / 2 x a day)

Your dog ________________________________ twice a day.

3 (bath / 1 x a week)

It ________________________________ once a week.

4 (take / vet)

____

5 (give / fresh food)

____

6 (give / fresh water all the day)

____

7 (brush / 1 x week)

Its hair ________________________________

8 (treat / well)

So don't worry. Your dog ________________________________

9 (look after / properly)

____

26 Going to-future passive

1
Sagen, was mit einer Person oder einem Gegenstand gemacht werden soll.
You are going to be taken to hospital tomorrow.

1 Situationserklärung: Wer spricht mit wem, aus welchem Anlass, mit welcher Absicht, wann und wo?

2 Erklärung des Bauplans:

You	*are going to*	*be*	*taken*	*to hospital tomorrow.*
Your car	*is going to*	*be*	*repaired*	*soon.*
	↓	↓	↓	
	going to	*be*	*past participle*	

3 Erklärung der Funktion: Was kann man damit ausdrücken?

Sagen, was mit einer Person (hier: Kranker) oder einem Gegenstand (Auto) geschehen wird.

4 Vergleich mit dem Deutschen:

*You are **going to be taken** to hospital tomorrow.*
Sie **sollen** morgen ins Krankenhaus **gebracht werden**.
*You are **going to be operated upon** in the afternoon.*
Man hat vor, sie am Nachmittag **zu operieren**.
*You are **going to be sent** for a cure in May.*
Es ist geplant, sie im Mai auf Kur ***zu schicken***.
*Your car is **going to be repaired** soon. So don't worry.*
Ihr Auto **wird bald repariert werden**. Keine Sorge!

5 Vergleich mit anderen Formen im Englischen:

*You **will be taken** to hospital tomorrow.*
(Hier wird jemandem zur Beruhigung versichert, dass dies geschehen wird.)
*You **are going to be taken** to hospital.*
(Das ist eine sachliche Aussage.)

1. Das hat man mit den Besuchern einer Trauminsel geplant. Ergänze die Sätze.

Das hat der Reiseleiter mit den Gästen vor:

- die Gäste in ein Fischrestaurant zu bringen. *(take to)*
- ein leichtes Essen zu servieren. *(serve)*
- eine Gartenparty zu organisieren. *(organize)*
- alle Freunde einzuladen. *(invite)*
- einige nette Videos zu zeigen. *(show)*
- die Besucher in einen Vergnügungspark zu bringen. *(take to)*
- die Besucher dem Besitzer der Insel vorzustellen. *(introduce)*
- mit den Besuchern eine Inselrundreise durchzuführen. *(show round)*

1 *You are going to be taken to a nice restaurant.*

2 A light meal ______

3 A garden party ______

4 All your friends ______

5 Some nice video films ______

6 You ______ to an amusement park.

7 ______ to the owner of this island.

8 ______ round the island.

27 *Future perfect passive*

1
Sagen, was mit einer Person oder einer Sache zu einem bestimmten Zeitpunkt in der Zukunft geschehen sein wird
The stadium will have been finished by the end of this month.

1 Situationserklärung: Wer spricht mit wem, aus welchem Anlass, mit welcher Absicht, wann und wo?

2 Erklärung des Bauplans:

The stadium	*will*	*have been*	*finished*	*by the end of this month.*
The manager	*will*	*have been*	*appointed*	*by the end of this week.*
	↓	↓	↓	
	will	+ *have been*	+ *past participle*	

3 Erklärung der Funktion: Was kann man damit ausdrücken?

Man sagt, was mit einem Bauwerk *(stadium)* oder einer Person *(manager)* zu einem bestimmten Zeitpunkt geschehen sein wird.

4 Vergleich mit dem Deutschen:

*The stadium **will have been finished** by the end of this month.*
Das Stadion **wird** bis zum Monatsende **fertig gestellt sein.**
*The sports centre **will have been connected** to public transport by the 29th.*
Bis zum 29. **wird** das Sportzentrum an den öffentlichen Verkehr angebunden sein.
*Everything **will have been done** by the end of this year.*
Alles wird bis zum Jahresende erledigt sein.
*The manager **will have been appointed** by the end of this week.*
Bis zum Ende der Woche **wird** der Manager **gewählt sein.**

5 Vergleich mit anderen Formen im Englischen:

Active voice: *They **will have finished** the stadium by the end of this month.*
Passive voice: *The stadium **will have been finished** by the end of this month.*

Im Passivsatz wird deutlicher, dass es um das Stadion geht und wann es fertig wird. Wer das macht, ist nicht so wichtig.

1. Die Renovierung des Schulhauses läuft auf vollen Touren. Der Schulleiter ist sehr nervös, denn nichts ist fertig und der Unterricht beginnt bereits in zwei Wochen. Der Bauleiter versucht ihn zu beruhigen. Drücke dies auf Englisch aus.

	Nicht abgeschlossene Arbeiten
1	Klassenzimmer mit Möbeln ausstatten *(furnish)*
2	Schulhof pflastern *(school yard / pave)*
3	Fahrradständer aufstellen *(bicycle stand / put up)*
4	Dach reparieren *(roof / repair)*
5	Lehrerzimmer ausmalen *(staff room)*
6	die ganzen Arbeiten

After the summer holidays, you'll come back and …

1 *The classrooms will have been furnished.*

2 The school yard ______

3 The bicycle stands ______

4 The roof ______

5 The staff room ______

6 All the work ______

That's for sure.

28 Conditional I passive

1
Sagen, was unter bestimmten Umständen mit einer Person oder mit einem Gegenstand geschehen wird
If it's fine, you will be shown the city in an open top bus.

1 Situationserklärung: Wer spricht mit wem, aus welchem Anlass, mit welcher Absicht, wann und wo?

* Chief Executive Officer = Vorstandsvorsitzender

2 Erklärung des Bauplans:

If it's fine, you *will be* *shown* *the city.*

↓ ↓

will be + *past participle*

3 Erklärung der Funktion: Was kann man damit ausdrücken?

Man erklärt, was mit jemandem unter bestimmten Umständen geschehen wird.

4 Vergleich mit dem Deutschen:

If it's fine, you ***will be shown*** *the city in an open top bus.*
Wenn es schön ist, **wird** Ihnen die Stadt in einem Bus mit offenem Dach **gezeigt**.
If it rains, you ***will be taken*** *to the British Museum.*
Wenn es regnet, **wird man** Sie ins Britische Museum **bringen**.
*If you are back in time, you'**ll be introduced** to the CEO*.*
Falls Sie rechtzeitig zurück sind, werden Sie dem Vorstandsvorsitzenden vorgestellt.

5 Vergleich mit anderen Formen im Englischen:

Active voice: *I'll show you round the city if the weather is fine.*
Passive voice: *You will be shown round the city if the weather is fine.*

Die Passiv-Konstruktion drückt den Sachverhalt nüchterner aus.

1. Träumst du vom Erfolg als Sportler oder Sportlerin? Bevor es klappt, müssen allerdings einige Bedingungen erfüllt werden. Drücke es auf Englisch aus.

Bedingungen	Folgen
1 If you're good at basketball,	*you'll be asked to join the school team.* (wirst du aufgefordert, in die Schulmannschaft einzutreten.)
2 If you are really good,	______ special courses. (wirst du auf Spezialkurse geschickt.)
3 If you are experienced enough,	______ a job as a trainer. (wird dir ein Trainerjob angeboten.)
4 If you are successful,	______ (wird dir sehr viel Geld gegeben.)
5 If you are fit and tough,	______ by everybody. (wirst du von allen bewundert *(to admire)* werden.)
6 If you are good looking,	______ in a TV commercial. (wird dir eine Rolle in einem TV Werbespot angeboten.)
7 If you are not successful,	______ (wirst du hinausgeworfen *(to throw out)*.)

29 Conditional II passive

1
Sagen, was geschehen würde, wenn eine bestimmte Bedingung erfüllt wäre.
Your apologies would be accepted if you told her the truth.

1 **Situationserklärung:** Wer spricht mit wem, aus welchem Anlass, mit welcher Absicht, wann und wo?

2 **Erklärung des Bauplans:**

Your apologies

would		*be*		*accepted*	*if you told her the truth.*
↓		↓		↓	
would	+	*be*	+	*past participle*	

3 **Erklärung der Funktion:** Was kann man damit ausdrücken?

Man sagt, was geschehen würde *(your apologies would be accepted)*, falls eine Bedingung erfüllt wäre *(you told her the truth)*. Die Wahrscheinlichkeit, dass dies so geschieht, ist eher gering.

4 **Vergleich mit dem Deutschen:**

*Your apologies **would be accepted** if you told her the truth.*
Deine Entschuldigungen **würden angenommen werden**, wenn du ihr die Wahrheit sagen würdest.

5 **Vergleich mit anderen Formen im Englischen:**

Active voice: *She **would accept** your apologies if you told her the truth.*
Passive voice: *Your apologies **would be accepted** if you told her the truth.*
Im Passivsatz rücken die „Entschuldigungen“ stärker in den Vordergrund.

1. Vorsichtsmaßnahmen. Was würde passieren, wenn …? Ordne richtig zu.

A If I didn't tie it up, it would be blown away in a storm.

B If I didn't put stones on it, the roof would be blown off by a storm.

C If I didn't put them into a greenhouse, they wouldn't ripen.

D If I didn't oil it regularly, it would go rusty.

E If I didn't protect them with a net, they would be eaten up by the birds.

F If I didn't put a chain round it, it would soon get stolen.

A	B	C	D	E	F

30 Conditional perfect passive

1
Sagen, was mit einer Person oder einer Sache hätte geschehen können, wenn nicht etwas anderes eingetreten wäre.
If I hadn't heard the burglars, all the paintings would have been taken away.

1 Situationserklärung: Wer spricht mit wem, aus welchem Anlass, mit welcher Absicht, wann und wo?

2 Erklärung des Bauplans:

If I hadn't heard the burglars, all the paintings

would | *have been* | *taken* | *away.*

↓ ↓ ↓

would + *have been* + *past participle*

3 Erklärung der Funktion: Was kann man damit ausdrücken?

Man sagt, was mit etwas hätte geschehen können *(all the paintings would have been taken away)*, wenn eine Bedingung nicht eingetreten wäre *(hadn't heard the burglars)*.

4 Vergleich mit dem Deutschen:

If I had not been woken up by our dog, *I wouldn't have heard the burglars.*

Wenn ich von unserem Hund nicht geweckt worden wäre, hätte ich die Einbrecher nicht gehört.

If I hadn't heard the burglars, all the paintings ***would have been taken away****.*

Wenn ich die Einbrecher nicht gehört hätte, **wären** alle Gemälde **fortgenommen worden**.

5 Vergleich mit anderen Formen im Englischen:

Active voice: *If the dog* ***had not woken me up****,*
I wouldn't have heard the burglars.

Passive voice: ***If I had not been woken up by our dog****,*
I wouldn't have heard the burglars.

1. Menschen auf der Polizeistation. Was hätte vermieden werden können, wenn sie sich anders verhalten hätten? Formuliere die Überlegungen des Polizisten auf Englisch.

1 Mr Miller's car was stolen last night. He didn't lock the doors.

2 Mrs Hunt left a window open. Her cat ran out and was knocked down by a car.

3 Fred's canary was killed by a cat. He forgot to keep the cage closed.

4 Mr White's money has been stolen. He didn't lock the safe.

5 Mrs Hickley didn't drive her car into her garage. It was sprayed with graffiti the next day.

6 Jack was driving and drinking last night. He was taken to hospital by the police.

1 Policeman: *Sir. If you had locked the doors, your car wouldn't have been stolen.*

2 Policeman: Madam. If you ______________________________

____

3 Policeman: Sir. If ______________________________

____

4 Policeman: Sir. ______________________________

____

5 Policeman: Madam. ______________________________

____

6 Policeman: Jack. ______________________________

____

31 Vermischte Übungen zu allen Zeitformen

1. On the phone
Mixed tenses

	Deutsch	English
Michael:	Hi! Ich bin's, Michael.	Hi! It's me, Michael.
Susan:	Hi! Was gibt's?	Hi! What's up?
Michael:	Kommst du heute Abend?	______________________________ ______________________ tonight?
Susan:	Wohin?	Where to?
Michael:	Zu meiner Geburtstagsparty.	To my birthday party.
Susan:	Aber du hast mich nicht eingeladen.	But you ______________________ ________________________ me.
Michael:	Ich habe dir letzten Freitag eine E-Mail geschickt.	I _________________________ you an e-mail last Friday.
Susan:	Tut mir Leid, aber ich habe keine E-Mail letzten Freitag bekommen.	I'm sorry. I _______________ an e-mail last Friday.
Michael:	Das ist seltsam!	That's strange, isn't it?
Susan:	Wenn ich eine bekommen hätte, hätte ich dich sofort angerufen.	If I ________________________ one I ______________________ straight away.
Michael:	Okay. Was willst du dann machen? Kommst du?	Okay. What ________________ then? ___________________________
Susan:	Natürlich.	Of course.
Michael:	Heute Nachmittag werde ich gegen vier Uhr an deinem Haus vorbeikommen. Ich hole dich ab, okay?	I'll be _______________________ _________________________ at about four o'clock. ___________ _____ pick you up, shall I?
Susan:	Nicht nötig. Ich warte bereits seit zehn Minuten vor deiner Tür.	There's no need! I _______________ in front of your door for ten minutes.
Michael:	Du bist eine Nervensäge.	You're a pain in the neck.

2. Robert has failed his final exams.

Conditional sentences

1	2	3
Er macht sich Vorwürfe.	Er wünscht sich etwas, was aber nicht sein kann.	Er weiß, dass er es schaffen wird.
Wenn ich fleißiger gelernt hätte, hätte ich die Prüfung bestanden.	Wenn ich das Geld hätte, würde ich Nachhilfestunden nehmen.	Wenn ich täglich zwei Stunden wiederhole, werde ich die Prüfung nächstes Mal bestehen.
______________________ ______________________	______________________ ______________________	______________________ ______________________

Ergänze die drei *if*-Sätze und schreibe sie in die richtigen Spalten.

If I __________________ for two hours a day I _________ pass the exam next time.

If I _________________ harder I ____________________________the final exams.

If I _______________ the money I ____________________ private lessons.

3. Talking about mobile phones (I)

Present perfect, simple present, future

Frage deinen Partner,

1 ob er ein Handy besitzt.

____

2 wie lange er es schon hat.

____

3 wie viel Geld er dafür monatlich ausgibt.

____

4 ob er es immer bei sich hat.

____

5 wer die Rechnung *(phone bill)* bezahlt.

____

6 ob er es schon einmal verloren hat.

____

7 ob er vorhat, ein neues Modell zu kaufen.

____

4. What would you say? How would you put it? Tick the right answer.
Present perfect, conditional perfect, present perfect progressive, past perfect, future

1 Du möchtest sagen, dass du immer noch deine Hausaufgaben machen würdest, wenn dir Mary nicht geholfen hätte.

A ☐ I've finished my homework. Mary helped me.

B ☐ I would still be doing my homework if Mary hadn't helped me.

2 Du möchtest sagen, dass du seit drei Jahren Französisch lernst.

A ☐ I've learnt French for three years.

B ☐ I've been learning French for three years.

3 Du möchtest sagen, dass du drei Jahre lang einen Hund hattest.

A ☐ I had a dog for three years.

B ☐ I've had a dog for three years.

4 Du sagst einem Freund, dass er dich heute Abend telefonisch zu Hause nicht erreichen kann.

A ☐ I'm eating out tonight.

B ☐ I'm going to eat out tonight.

5 Du möchtest sagen, dass dir Mary ganz sicher etwas Geld leihen wird.

A ☐ If I asked her, Mary would lend me some money.

B ☐ If I ask her, Mary will lend me some money.

5. **Fill in the missing verb forms.**
Past tense

Der Porsche eines Schürzenjägers

In Kalifornien sah ein Mann in der Zeitung eine Annonce über einen fast neuwertigen Porsche in einem hervorragenden Zustand – zum Preis von $ 50.

Er war sich sicher, dass den Setzern ein Druckfehler unterlaufen war, aber selbst für $ 5000 wäre dies ein absolutes Schnäppchen gewesen. Er eilte zu der angegebenen Adresse, um sich das Auto anzusehen.

Eine hübsche Frau wartete an der Haustür. Ja, sie hatte die Annonce aufgegeben. Der Preis war tatsächlich $ 50.

„Das Auto", sagte sie, „ist in der Garage. Kommen Sie mit und schauen Sie es sich an."

Der junge Mann war überwältigt. Es war ein wunderschöner Porsche, und, wie es in der Annonce stand, „fast neu."

Er fragte, ob er mit dem Auto einmal um den Häuserblock fahren könne. Die Frau antwortete, „Natürlich" und fuhr mit.

The Philanderer's Porsche

A man in California ____________ an ad in the paper for an almost new Porsche, in excellent condition – price $ 50.

He was certain the printers ____________ a typographical error, as even at $ 5,000 it ____________ a bargain, so he ____________ to the address to look at the car.

A nice-looking woman ____________ at the front door. Yes, she ____________ the ad. The price was indeed $ 50.

"The car," she said, "is in the garage. Come and look at it."

The fellow was overwhelmed. It was a beautiful Porsche, and, as the ad promised, "nearly new."

He asked if he __________ the car around the block. The woman said, "Of course," and went with him.

Der Porsche fuhr sich traumhaft. Der junge Mann zog $ 50 aus der Tasche und übergab sie, etwas verlegen, der Frau.	The Porsche ________ like a dream. The young man pealed off $ 50 and handed it over, somewhat sheepishly.
Die Frau überreichte ihm die notwendigen Papiere und das Auto gehörte ihm.	The woman gave him the necessary papers, and the car was his.
Schließlich konnte es der neue Besitzer nicht länger aushalten.	Finally, the new owner couldn't stand it any longer.
Er musste wissen, warum die Frau den Porsche zu einem solch lächerlichen Preis verkaufte.	He had to know why the woman __________ the Porsche at such a ridiculously low price.
Ihre Antwort war einfach. Mit einem leichten Lächeln im Gesicht sagte sie: „Mein Ehemann hat sich vor einigen Tagen mit seiner Sekretärin aus dem Staub gemacht und eine Nachricht hinterlassen, dass ich das Auto verkaufen und ihm das Geld schicken solle."	Her reply was simple. With a half-smile on her face, she said: "My husband __________ off with his secretary a few days ago and he left a note instructing me to sell the car, and send him the money."

6. Talking about mobile phones (II)

Present perfect

A	B	C	D	E
Das ist erledigt.	Das habe ich schon erlebt.	Das habe ich noch nie getan.	Das ist schon lange so.	Das ist soeben geschehen.

Ordne die folgenden Aussagen den Sprechabsichten richtig zu. Was wollen die Sprecher zum Ausdruck bringen? Trage die passenden Buchstaben in die vorgesehenen Kästchen ein.

1 I've had my mobile phone for ten months. [D]

2 Dad has paid the phone bill for you. Don't worry. [ ]

3	I've just changed the provider.	☐
4	I've never used my mobile in a restaurant.	☐
5	I've heard somebody talking on the phone in a church.	☐
6	I've just changed the ring tone.	☐
7	I've never used my phone while crossing a road.	☐
8	Grandma needed a mobile phone, so Mum has bought her one.	☐
9	I've seen somebody stealing a mobile from a table in a café.	☐
10	I've always paid the phone bills myself.	☐

7. Renovating the house

Mixed passive tenses

		finished already	just being done	finished by the end of next week
1	mend the roof	☒	☐	☐
2	decorate the living room	☐	☒	☐
3	renovate the summer house	☐	☐	☒
4	paint the windows	☐	☒	☐
5	plant new hedge	☐	☐	☒
6	cut down some of the old trees	☒	☐	☐

1 The roof ______________________________

2 The living room ______________________________

3 The summer house ______________________________

4 The windows ______________________________

5 A new hedge ______________________________

6 Some of the old trees ______________________________

8. Who are they talking to?
Will-future and going to-future

Tipp: Verwende *will* für Zusagen oder Bestellungen im Restaurant. Für Mitteilung, die den Zuhörer vielleicht interessieren, aber nicht direkt betreffen, nimmst du *going to*.

1 Doctor: He'll be all right.

A ☐ The mother of the patient

B ☐ A colleague

2 Grandad: Yes, I know the swing is broken. I'll mend it.

A ☐ His granddaughters

B ☐ His wife

3 Samantha: I've been making a cake. I'm going to tidy the kitchen before I go out.

A ☐ Her mother

B ☐ Her friend

4 A dinner in a restaurant: I'm going to have a salad.

A ☐ Her companion

B ☐ The waiter

5 Young man with over-long hair: I'll get my hair cut.

A ☐ His best mate

B ☐ His disapproving mother

6 Young lady borrowing her parents' car: I won't drive carelessly.

A ☐ A friend (not passenger in the car)

B ☐ Her father

9. Grandmother is fond of computers.
Conditional sentences

1 Wenn ich damals die Gelegenheit gehabt hätte zur Universität zu gehen, hätte ich das getan.

If I ____________________ the chance to go to university I ____________________.

____________________ it.

2 Wenn ich jünger wäre, würde ich Informatik studieren.

If I ______________ younger I ______________________________ computer science.

3 Wenn noch Platz ist, werde ich einen Computerkurs an der Volkshochschule belegen.

If there __________ places free I ______________________ a computer course at night school.

4 Wenn ich Großvater bitte, wird er auch einen Kurs belegen.

If I ____________________ Grandpa he ____________ also ____________ a course.

5 Wenn das neue Modell damals auf dem Markt gewesen wäre, hätte ich es gekauft.

If the new model ________________ on the market then, I _______________________ it.

6 Wenn meine Augen besser wären, würde ich mehr üben.

If my eyes ________________________ I ________________________ practise more.

7 Wenn ich gut mit dem Computer umgehen könnte, würde ich Susan im Büro helfen.

____

8 Wenn Susan gerne mit einem Computer arbeitet, werde ich ihr einen zu Weihnachten schenken.

____

9 Wenn ich meinen Sohn gefragt hätte, hätte er seinen alten Computer nicht weggeworfen.

____

10. Emergency
Conditional sentences

Welcher Satz entspricht welcher Sprechabsicht? Trage die Buchstaben in die richtige Box ein.

1 Das wäre damals besser gewesen. ☐

Das ist leider nicht der Fall. ☐

Das ist sicherlich so. ☐

A If a fire alarm was installed, I'd feel much safer.

B If the fire alarm is installed by an expert, it will work properly.

C If a fire alarm had been installed, I would have noticed the fire in time

2 Das ist damals gerade noch gut gegangen. ☐

Das ist leider nicht der Fall. ☐

Das ist sicherlich so. ☐

A If she is taken to hospital now, she'll have a chance of surviving.

B If we had a car, she could be taken to hospital immediately.

C If she hadn't been taken to hospital just in time, she would have died.

3 Das wäre damals sicherlich passiert. ☐

Das ist leider nicht der Fall. ☐

Das ist sicherlich so. ☐

A If the road hadn't been closed by the police, hundreds of curious spectators would have crowded the scene.

B If you are treated well, you'll feel better soon.

C If the children were given medicine, they wouldn't have to suffer so much.

11. In court

Simple past, past progressive, past perfect

Übersetze das folgende Gespräch zwischen dem Richter und Angeklagten ins Englische.

1 Judge: Wo waren Sie gestern Abend?

____?

2 Accused man: Zu Hause.

____

3 Judge: Was haben Sie um sieben Uhr abends gemacht?

____?

4 Accused man: Ich lag auf dem Sofa. Ich war müde.

____?

5 Judge: Warum waren Sie so müde?

_______________________?

6 Accused man: Ich hatte den ganzen Tag gearbeitet.

____

7 Judge: Nun gut. Erzählen Sie uns, was passierte.

____

8 Accused man: Ich war eine Stunde dagelegen, als plötzlich das Telefon läutete.

____

9 Judge: Wer war dran?

_______________________?

10 Accused man: Das weiß ich nicht. Ich habe nicht abgenommen.

____

11 Judge: Warum haben Sie nicht abgenommen?

____

12 Accused man: Irgend jemand hat mich viele Male zuvor angerufen und immer aufgehängt.

____

13 Judge: Nun gut. Ihr Freund sagte, dass er zu der Zeit, als der Mord geschah, im Garten arbeitete.

____

14 Accused man: Er ist ein Lügner. Das ist nicht wahr.

____

12. When I got there …
Past tenses active and passive

Ein Klassenkamerad hat mich zu seiner Party eingeladen. Er ist als etwas chaotisch bekannt.

Als ich ankam,

1 wurden gerade einige Möbelstücke aus der Wohnung getragen.

When I got there ____

2 waren die Getränke noch nicht in den Kühlschrank gestellt.

When I got there ____

3 waren die Gläser noch nicht gespült.

When I got there ____

4 wurden die Luftschlangen *(streamers)* gerade an der Decke aufgehängt.

When I got there ____

5 bemerkte ich, dass ich mein Geschenk vergessen hatte.

When I got there ____

6 sah ich, dass die Pizzas bereits geliefert waren.

When I got there ____

7 wurde die Stereoanlage gerade repariert.

When I got there ____

13. The President is to come.
Mixed passive tenses

Alle sind aufgeregt, weil sich der US-Präsident angekündigt hat.

Schreibe die Buchstaben der einzelnen Sätze in die richtige Box.

Das passiert immer	Das ist bereits geschehen	Das passiert momentan	Das geschah gestern	Das wird demnächst geschehen

A The people in town are informed by flyers.

B The streets near the stadium are being closed.

C The airport will be closed down for two days.

D Pupils have been told not to go to school on Monday.

E Yesterday the whole area was searched by helicopters.

F Small American flags were given to schoolchildren.

G The American anthem is being rehearsed. *)

H The American flag has been hoisted. **)

I The stadium will be searched by tracker dogs. ***)

J More police are called in whenever a VIP comes to visit our town.

K A video about the President's every day work has been made.

L Books about the President's life are being sold.

M A lot of hotel rooms have been booked by reporters.

N The whole television schedule will be changed.

P Live programmes are broadcasted all over the world.

*) to rehearse – *einüben* **) to hoist – *hissen* ***) tracker dog – *Spürhund*

14. Are you making fun of me?

Wie müsste der Witz auf Deutsch lauten?

A customer to butcher:

"I'd like five grams of sausage, please."
"Are you making fun of me?" the butcher asks.
"Not a bit! If I were making fun of you, I'd ask you to slice it."

Kunde zum Fleischer:

____

____

____

____

15. It can't go on like this.
Simple present and simple past passive

Der Schulleiter beschwert sich über den katastrophalen Zustand des Schulgebäudes. Er sagt, dass

- Kaugummi an die Tische geklebt wird,
- leere Flaschen in die Papierkörbe geworfen werden,
- überall Papier weggeworfen wird,
- gestern die Fenster in einer Toilette zerbrochen wurden,
- dass einige Toiletten nicht mehr benutzt werden können,
- alle Klassenzimmer in den Ferien gestrichen wurden,
- einige Papierkörbe letzte Woche angezündet wurden,
- zur Zeit das Goldfischaquarium als Aschenbecher benutzt wird,
- etwas gemacht werden muss und gemacht werden wird.

Ergänze die fehlenden Wörter.

It can't go on like this. Look at all this mess around us.

1 Chewing gum is *stuck* to the desks.

2 Empty bottles ________________ into the waste paper baskets.

3 Paper ________________ everywhere. What a shame!

4 Yesterday the windows in a toilet ________________

5 Some toilets can't ________________ anymore.

6 All the classrooms ________________ in the holidays. Now they look the same as they did before, don't they?

7 Some bins ______________________ on fire last week.

8 The goldfish aquarium ______________________ as an ashtray.

9 Something ______________________ and ______________________

16. What do they want to say?
Future perfect

Was bedeuten die folgenden Aussagen? Kreuze richtig an.

1 Car mechanic to customer: We will have repaired your car by Friday.

A ☐ Er sagt, dass das Auto am Freitag repariert wird.

B ☐ Er sagt, dass die Reparatur am Freitag abgeschlossen sein wird.

2 Holidaymaker to his neighbour: At this time tomorrow I'll be sitting in a plane to Malta.

A ☐ Er sagt, dass er morgen um diese Zeit in einem Flugzeug nach Malta sitzen wird.

B ☐ Er sagt, dass er morgen um diese Zeit in Malta in ein Flugzeug einsteigen wird.

3 Customer to car dealer: By next month I will have been driving this car for twenty years.

A ☐ Er sagt, dass er das Auto ab kommendem Monat noch zwanzig Jahre lang fahren möchte.

B ☐ Er sagt, dass er im kommenden Monat das Auto seit zwanzig Jahren gefahren haben wird.

4 Mary: I'll be taking my driving test tomorrow at ten o'clock.

A ☐ Maria wird morgen um zehn Uhr ihre Führerscheinprüfung ablegen.

B ☐ Maria hat sich gerade entschlossen, morgen um zehn Uhr ihre Führerscheinprüfung abzulegen.

5 Teacher: I will have been teaching for thirty years by the end of this term.

A ☐ Er sagt, dass er am Ende des Schuljahres bereits dreißig Jahre unterrichtet.

B ☐ Er sagt, dass er am Ende des Schuljahres noch dreißig Jahre unterrichten möchte.

6 Speaker on TV: The Queen will be arriving at eleven o'clock.

A ☐ Er sagt, dass die Königin um elf Uhr ankommen möchte.

B ☐ Er sagt, dass die Königin um elf Uhr ankommt.

Lösungen

1 *Simple present* in fünf Funktionen

▸▸ page 7

1. *Lösungsbeispiele:*
2 Toast and butter. Tea or chocolate. Sometimes cereals.
3 By bike when the weather is fine. By bus when the weather is bad.
4 At home. At my grandmother's house.
5 Once a week. I do karate.
6 At 7.45.
7 5 or 6.
8 I relax and I read a lot.
9 Yes, I do.
10 Not really.
11 No, never.
12 No, never.

2.
2 How many lessons a day do you have?
3 Where do you have lunch?
4 How do you get to school?
5 When do you do your homework?
6 When do you go to bed?

▸▸ page 9

3.
2 Where do you work?
3 How many hours a week do you work?
4 Do you enjoy your work?
5 Do you meet a lot of people?

4.
1 Where does your father work?
2 Does your mother work?
3 Does she work at weekends?
4 Does he go to work by car?

5.
1 Water boils at 212 degrees Fahrenheit and freezes at 32 degrees Fahrenheit.
2 The earth travels round the sun.
3 Snow melts in the sun.
4 War solves no problems.
5 He who laughs last laughs longest.
6 One swallow does not make a summer.

6. ▸▸ page 11

2 The alarm clock rings. He takes it and throws it through the window.
3 The dog smells the sausages, takes them and runs away.

7. ▸▸ page 13

1 He is 1.90 metres tall and weighs about 80 kilos.
2 He looks awful in his shorts.
3 She often smells of expensive perfume.
4 He wears old-fashioned jackets.
5 His clothes smell of cigar smoke.

8.

2 The soup tastes strange.
3 The chocolate ice cream tastes of vanilla.
4 The hamburgers taste disgusting.
5 The salads don't taste of anything to me.
6 They taste just like grass.

9. ▸▸ page 15

2 The doors open at six o'clock.
3 We meet at the bus station at four o'clock.
4 The bus leaves at quarter past four.
5 It takes an hour to Greenwich.
6 It arrives at about quarter past five.
7 Then we walk for about ten minutes.
8 When does the concert end?
9 It ends at about eleven o'clock.
10 A bus brings us back home.

2 *Present progressive* in drei Funktionen

1. ▸▸ page 17

2 What are you watching?
3 Can I talk to Mary please?
4 Is dad sleeping?

2.

1 The baby is crying.
2 The milk is boiling over.
3 The dog is eating my shoe.
4 The doorbell is ringing.
5 The cat is drinking my milk.
6 The budgie is sitting on my head.

▸▸ page 19

3.

2 I don't know, you're always complaining.
3 He's always going out somewhere or other.
4 You're always losing them.
5 They're always having parties which keep us awake at night.
6 I'm always finding weeds that have come under the fence from their garden.

▸▸ page 21

4.

	Partner A	Partner B
1	I'm giving a party Saturday night. Can you come?	Sorry, I can't. I'm playing chess with Peter.
2	I'm having some friends round for dinner tonight. Would you like to come too?	Yes I would, thank you. Can I bring Liza with me?
3	Yes, of course you can.	Thank you.

5.

	Partner A	Partner B
1	Are you playing squash on Friday?	No, I'm not. I'm flying to Italy on Friday morning.
2	Are you going there alone or are you taking your brother?	I'm going to Rome with an uncle of mine and then I'm going to Naples by train.
3	What are you doing in Naples?	I don't know yet.

3 *Simple past* in drei Funktionen

▸▸ page 23

1.

2 I took a taxi to the city centre because I wanted to buy something for dinner.
3 I got off near the station.
4 First I bought some cheese then I went to a supermarket.
5 After that I had a cup of tea.
6 At seven o'clock I rang up my girlfriend Sarah.

2.
2 Who did she meet on her way …?
3 What did Jason tell her?
4 Where did they go?
5 How long did they stay there?
6 Why was their teacher very angry with them?

3. *mögliche Antworten:* my mother, my daddy, my older brother, I don't know etc. ▸▸ page 25

4. *individuelle Antworten, Beispiele:*
2 … he runs 10 miles / he doesn't run at all.
3 … it's a noisy place.
4 … I'm not, I even like them.
5 … I do. I like it a lot.
6 … I do.

5. I wish I had … a sports car /… a lot of money. ▸▸ page 27
I wish I was … strong / … clever / … good at tennis.
I wish I didn't have so much homework. / … to clean the cage every week. / … have to babysit every weekend.

4 *Past progressive* in drei Funktionen

1. *Lösungsbeispiele:* ▸▸ page 29
2 I was having supper at home.
3 She was making sandwiches for me and my dad.
4 He was writing e-mails.
5 They were chatting on the phone.
6 I was playing on the computer.

2.
1 Who were you talking to on the phone?
2 What were you having for dinner last night?
3 Who were you going out with …?
4 Whose test was she copying from when …?
5 Which car were you driving when …?

▸▸ page 31

3.

2 Jane: She was having a shower when the lights suddenly went out.
3 Peter: He was doing his homework when …
4 Mr Penner: He was working on the computer …
5 Richard: He was cleaning his room …
6 Mr and Mrs Smith: They were cooking dinner …
7 Ms Mills: She was feeding her dog …
8 The Glosters: They were playing cards …
9 Pete and friends: They were dancing …
10 Mrs Garner and her daughter: They were washing the dishes …

▸▸ page 33

4.

1 The girl was eating ice cream and the boy was eating crisps.
2 The old man was reading the newspaper and the old lady was sleeping.
3 The black dog was digging a hole and the white dog was running after a ball.
4 The one man was selling towels and the other one was selling fruit.

5 *Present perfect* in sechs Funktionen

▸▸ page 35

1.

1 d
2 c
3 a
4 b

2.

2 I haven't replaced the battery yet.
3 I haven't checked the oil yet.
4 I haven't filled up Mrs White's Rover.
5 I haven't washed the Mini yet.
6 I haven't repaired the headlights of the Jaguar yet.

▸▸ page 37

3.

	Partner A	Partner B
1	Have you ever been on board a Boeing 747?	I've flown to America several times on a 747.
2	I've never been to America but I've been to most countries in Europe.	Which country do you like best?
3	I've never thought about it.	I've never been to Greece. I'm going there on / for my next holiday.

4.

	Partner A	Partner B
1	Have you ever been on holiday in a motor caravan?	No, never. Have you?
2	I went to Norway by motor caravan last year	Did you like it?
3	Yes, it was great. I'm going there again this year.	I have never driven a motor caravan.

5. *Lösungsbeispiele:* ▸▸ page 39

1 I have known her / him for about three years.
2 We have never argued with each other since then.
3 I have never known a boy / a girl like him / her.

6. Antwortstruktur ist immer: I have had / been / owned for … years.

7. ▸▸ page 41

1 Sorry you can't. Mr Smith has just left the garage.
2 I'm sorry but we've just closed.
3 I'm really sorry. I'm afraid I can't help you.

8.

1 I'm sorry, but the train to Brighton has just left.
2 Yes, there is. The bus to Brighton has just arrived at the bus station. It's the number 12.
3 You're welcome.

9. ▸▸ page 43

2 Nobody has called me this week.
3 I haven't talked to anybody today.
4 Nobody has invited me this year.
5 Nobody has brought me the newspaper today.
6 Nobody has taken me out this month. I don't have anybody to talk to.

10.

2 He hasn't tidied the shed.
3 He hasn't taken the cat to the vet.
4 He hasn't cleaned the car.
5 He hasn't cut the grass.

▸▸ page 45

11.

1 I can help you as soon as I've cut the lawn.
2 Yes, I can do it as soon as you've finished the shopping list.
3 You may not leave the house until you've tidied up your room.

12.

1 You may go as soon as you have typed the letter to Mr Scott.
2 But have you checked it?
3 Okay. Thank you.

6 *Present perfect progressive* in zwei Funktionen

▸▸ page 47

1.

	1	2	3	4	5	6	7	8	9	10
finished				x			x	x	x	
not finished	x	x	x		x	x				x

2.

2 I've been waiting for two hours. That's enough. I'll go home now.
3 You've been driving for five hours. That's enough. Let's take a break.
4 We've been writing postcards for two hours. Let's have a swim.

▸▸ page 49

3.

2 You look very tired. – I've been cleaning the cellar.
3 Why is your hair wet? – I've been swimming.
4 You've got a great suntan. – I've been skiing in Austria.
5 You're very late. – I've been shopping.
6 Why are you looking so fierce / cross? – I've been washing the dishes for three hours.
7 Your hands are badly scratched. What have you been doing? – I've been playing with the cat.

7 *Past perfect* in zwei Funktionen

1. ▸▸ page 51

2 1 – 2
3 2 – 1
4 1 – 2
5 2 – 1
6 2 – 1
7 1 – 2
8 2 – 1
9 1 – 2
10 2 – 1

2.

2 After I had finished the letter I went to the post office and posted it.
3 After I had posted the letter my wife and I went to a restaurant.
4 When we got back to the car park I realized that I had lost my keys.
5 When we got to the restaurant half an hour later they had already closed.
6 After I had rung the owner from a phone box he appeared at a window above.
7 After he had opened the window he threw my keys onto the pavement.
8 After I had picked them up we went to the car park.
9 After we had arrived at the car park ten minutes later my wife showed me her spare keys.

3. ▸▸ page 53

	1a	1b	2a	2b	3a	3b	4a	4b	5a	5b	6a	6b	7a	7b	8a	8b	9a	9b	10a	10b
finished		x	x			x	x			x		x	x		x		x		x	
not finished	x			x	x			x	x		x			x		x		x		x

8 *Past perfect progressive* in drei Funktionen

1. *Lösungsbeispiele:* ▸▸ page 55

2 Because I had been working in the garden.
3 Because I had been walking in the rain / I had been having a shower.
4 Because I had been running in the park.
5 Because I had been painting my room blue and green.
6 Because I had been doing karate.
7 Because I had been reading for hours.
8 Because I had been working hard all day long.
9 Because I had been cleaning the stove.
10 Because I had been jogging for three hours.

▸▸ page 57

2.

2 I had been sunbathing for an hour when it started to rain.
3 I had been walking for two hours when a thunderstorm started.
4 I had been reading the newspaper all morning when the postman came.
5 I had been eating dinner for half an hour when somebody knocked at the door.
6 We had been climbing for five hours when the sky got dark.
7 I had been suffering from a headache for three days when I decided to see the doctor.
8 I had been learning French for many years when I decided to go to France.

▸▸ page 59

3.

2 They said they had been playing badminton in the garden at the time of the murder.
3 He said he had been talking to his neighbour over the fence at the time of the murder.
4 He said he had been sitting in the dentist's waiting-room at the time of the murder.
5 He said he had been taking his wife to the airport at the time of the murder.
6 He said he had been meeting his friends at the station at the time of the murder.
7 He said he had been having his hair cut at the time of the murder.
8 He said he had been in bed at the time of the murder.

9 Das *will- / shall*-Futur in vier Funktionen

▸▸ page 61

1. *Lösungsbeispiele:*

1 I'm sure I will.
2 I don't know yet.
3 It depends.
4 I'll share it with a friend.
5 I'm sure I won't.
6 I'm afraid I won't.
7 I hope I will.
8 It depends.
9 I hope I will.
10 I think I will.

▸▸ page 63

2. Heute Nacht überall noch etwas Regen, aber morgen trockenes und schöneres Wetter. Die Vorhersage bis morgen: In Zentral- und Südengland wird es heute Nacht fast überall noch etwas regnen. In den Höhenlagen auch etwas Nebel. Auch morgen wird es wieder ein ziemlich kalter und bewölkter Tag, obwohl der Regen nachlässt und es vielleicht hier und dort sogar einige sonnige Abschnitte gibt. Die Temperaturen werden morgen nicht über 12 Grad Celsius steigen und es wird auch windig sein. Und nun noch einen Blick auf das Wetter in Wales, den Midlands und Nord-England. Die Schauertätigkeit sollte nachts nachlassen. Morgens vielleicht noch etwas Regen. Danach werden diese Teile trockenes Wetter haben, ziemlich klar, mit längeren sonnigen Abschnitten und Winden von Norden her. Nachmittagstemperaturen zwischen 12 und 15 Grad Celsius.

3. ▸▸ page 65

1	2	3	4	5	6	7	8	9	10
D	G	B	A	I	J	C	E	F	H

individuelle Antworten

4. *Lösungsvorschläge:* ▸▸ page 67

1 Don't cry. I'll give you another one. Here you are.
2 Calm down. I'll take it to the dry cleaner's.
3 Don't worry, Mum. I'll get some from the supermarket.
4 I'll phone the doctor. He'll be here soon.
5 I'll open the window. Some fresh air will do us good.
6 I'll make a nice cup of tea, Mum. Sit down and relax.
7 I'll switch the light on. Wait a minute.
8 Wait a minute and I'll come with you.
9 I'll take you there. Hop in.
10 I'll lend you some. How much do you need?

10 *Future progressive* in drei Funktionen

1.

2 At this time next week I'll be walking in the mountains. ▸▸ page 69
3 At this time next week I'll be lying in my hammock in the garden.
4 At this time next week I'll be sitting in a plane to America.
5 At this time next week I'll be swimming in the Mediterranean Sea.
6 At this time next week I'll be having a barbecue with my friends.
7 At this time next week I'll be building sand castles on the beach.
8 At this time next week I'll be having tea with my aunt.

2.

2 At ten thirty he will be meeting some newspaper reporters. ▸▸ page 71
3 At eleven o'clock he will be giving a talk on education in Britain.
4 At one o'clock he will be having lunch in the town hall.
5 From three o'clock to five p.m. he will be visiting a local school.
6 At seven p.m. he will be giving a dinner party.
7 At eight o'clock he will be leaving for the airport.
8 At nine p.m. he will be flying back to Washington.

page 73

3.

2 What time will you be leaving?
3 What will you be wearing?
4 Will you be travelling by train?
5 Or will you be taking the car?
6 Which countries will you be going to?
7 Where will you be sleeping?
8 Will you be having breakfast at home?
9 How long will you be staying away?
10 When will you be coming back home?

11 *Future perfect* in zwei Funktionen

page 75

1.

2 No, I won't. I won't have finished it until Thursday.
3 No, I won't. I won't have cleaned them until Sunday.
4 No, I won't. I won't have finished it until Monday.
5 No, I won't. I won't have answered them until Friday.
6 No, I won't. I won't have painted them until Wednesday.
7 No, we won't. We won't have finished it until the end of next year.
8 No, I won't. I won't have decorated them until Friday.
9 No, I won't. I won't have repaired it until Saturday.

page 77

2.

2 Next month I will have been in Germany for ten years.
3 By the end of the year I will have been a teacher for 15 years.
4 My husband will have been dead for four years by the end of the month.
5 Next week my son will have been without a job for two years.

12 *Future perfect progressive*

page 79

1.

1 On the first of August we will have been living in our house for ten years.
2 Tomorrow I will have been waiting for the plumber for three weeks.
3 Tomorrow it will have been raining for three weeks.
4 In September I will have been learning English five years.
5 At three o'clock I will have been waiting for my brother for four hours.

13 *Going to-future* in drei Funktionen

1. ▸▸ page 81

A	B	C	D	E	F	G	H	I	J
9	7	1	8	2	3	4	5	10	6

2. ▸▸ page 83

2 I'm going to be sick.
3 I'm going to sneeze *(niesen)*.
4 I'm going to be late for work.
5 It's going to fall.
6 My jeans are going to get wet.
7 She is going to have a baby.
8 Oh, my God, it's going to crash.
9 I'm going to get a migraine.
10 It's going to be a long day.

3. ▸▸ page 85

1 They are going to cut down most of the trees.
2 They are going to pull down all the old houses.
3 They are going to build a new road.
4 They are going to build a huge bridge.
5 They are going to replace the meadow with a car park.

14 *Conditional I* in drei Funktionen

1.

1 If it rains, we'll sit in the garage. ▸▸ page 87
2 If the band doesn't come, we'll use our stereo.
If the band doesn't come, we'll play the guitar and sing along.
3 If the neighbours complain about the noise, we'll invite them in.
If the neighbours complain about the noise, we'll dance in the cellar.
4 If we run out of drinks, we'll ask our neighbours.
If we run out of drinks, we'll drink water.
5 If we run out of food, we'll get some from the restaurant.
6 If our parents come home suddenly, we'll sing a song for them.

▸▸ page 89

2.

2 If you push this button, the rear window goes down.
3 If you push this button, the air-conditioner comes on.
4 If you push this button, the electric seat heater for the right front seat comes on.
5 If you push this button, the electric seat heater for the left front seat comes on.
6 If you push this button, the left head rest in the rear comes out.
7 If you push this button, the right head rest in the rear comes out.
8 If you push this button, the aerial comes out.

▸▸ page 91

3.

2 If you've never been to Greece, you should book a cheap flight.
3 If you've never eaten in a Chinese Restaurant, you should go to the *Chinese Dragon*.
4 If you've never tried snowboarding, you should borrow my snowboard.
5 If you've never found a holiday job, you should look on the internet.
6 If you've never been to England, you should take part in an exchange programme.

15 *Conditional II* in vier Funktionen

▸▸ page 93

1. *Lösungsbeispiele:*

2 I'd buy a sports car.
3 I'd abolish homework.
4 On Hawaii.
5 Yes, I would.
6 I'd give all my money to my fans.
7 Yes, I certainly would.
8 No, I wouldn't. I hate horses.
9 I'd give everybody six months' holiday.
10 Of course I would. What a silly question!

▸▸ page 95

2.

2 If I were you, I'd buy a second hand car.
3 If I were you, I'd save the money for a new car.
4 If I were you, I'd ask your parents for some money.
5 If I were you, I'd keep the old Ford.
6 If I were you, I'd think about the cost of repairs.
7 If I were you, I'd rather walk.

3. ⏩ page 97

2 You could do better at school if you learnt more.
3 You could buy a mountain bike if you didn't spend all your money on CDs.
4 You could play in the school orchestra if you practised more.
5 You could save a lot of money if you didn't use your car all the time.
6 You could / would have a lot of friends if you didn't stay at home all the time.
7 You could / would get a good job if you went to the job centre every day.
8 You could / would find a lot of job advertisements if you read the local newspaper.
9 You wouldn't look so pale if you didn't go to the pub so often.
10 You could rent a better flat if you worked harder.

4. ⏩ page 99

2 It would be nice if you took the door-key to granny.
3 It would be nice if you watered the flowers.
4 I'd be very happy if you locked the garage.
5 I'd be very happy if you unplugged the television.
6 I'd be very happy if you cleaned the sink.
7 It would be a great help if you emptied the rubbish bin.
8 It would be a great help if you cancelled the newspaper.
9 It would be a great help if you phoned the milkman.

16 *Conditional II progressive*

1. ⏩ page 101

2 Mary: If I had the day off, I would be going hang gliding.
3 Bob: If I had the day off, I would be going skydiving.
4 Helen: If I had the day off, I would be riding my bike.
5 Liza: If I had the day off, I would be going surfing.
6 Frank: If I had the day off, I would be going sailing.
7 Betsy: If I had the day off, I would be going boating.
8 Mark: If I had the day off, I would be going inline skating.

17 *Conditional perfect* in drei Funktionen

1. ⏩ page 103

A	B	C	D	E	F	G	H	I	J
5	8	10	1	2	9	3	7	4	6

▸▸ page 105

2.

2 If you hadn't eaten too much, you wouldn't have felt sick.
3 If you had switched the headlights on, the other driver would have seen you.
4 If you had been wearing a seatbelt, you wouldn't have been injured so badly.
5 If you had got up early, you wouldn't have missed the bus.
6 If you had done your homework, the teacher wouldn't have been so angry.
7 If you had looked after the dog, he wouldn't have run away.
8 If you had told your neighbours about the party, they wouldn't have complained about the noise.
9 If you hadn't left the door open, the computer wouldn't have been stolen.
10 If you had remembered to send her an invitation card, Mary would have come to your party.

▸▸ page 107

3.

1 If I hadn't left the door open, the dog wouldn't have run away. If the dog hadn't run away, he wouldn't have run after a young man. If the dog hadn't run after the young man, he wouldn't have been able to catch the bus. If the young man hadn't caught the bus, he wouldn't have been able to get to an interview just in time. If he hadn't got there in time, he wouldn't have got the job …

2 If she hadn't passed her exam, she wouldn't have studied foreign languages. If she hadn't studied foreign languages, she wouldn't have gone to America. If she hadn't gone to America, she wouldn't have become a famous journalist. If she hadn't become famous, she wouldn't have written her life story. If she hadn't written her life story, thousands of copies wouldn't have been sold. If these copies hadn't been sold, she wouldn't have been able to found a home for handicapped children …

18 *Conditional perfect progressive* in zwei Funktionen

▸▸ page 109

1.

A	B	C	D	E	F
4	1	6	5	2	3

2. *Lösungsbeispiele:*

1 … if I hadn't woken you up.
2 … if I hadn't helped you.
3 … if I hadn't sent them outside.
4 … if you hadn't taken that medicine.

3.

page 111

A	B	C	D	E	F	G
4	1	6	2	3	7	5

19 *Simple present passive* in vier Funktionen

1.

page 113

2 The fence is painted every four years.
3 The grass is cut every month.
4 The bushes are cut every other year.
5 The dustbin is emptied every week.
6 The stairs are cleaned every Saturday.

2.

page 115

2 They are said to be very intelligent.
3 They are said to have a good memory.
4 They are said to be very faithful.
5 They are said to be very dangerous.
6 They are said to be very stupid.
7 They are said to be very clever.

3.

page 117

2 The windows must / have to be shut.
3 All the papers must / should be picked up.
4 The waste bin must / should be emptied.
5 The fish must / should be fed.
6 The plants must / should be watered.
7 The books must / should be put into the cupboard.
8 The door must / should be locked.

4.

page 119

1	2	3	4	5	6
D	F	A	E	B	C

20 *Present progressive passive* in drei Funktionen

▸▸ page 121

1.
2 My school is being extended.
3 A large shopping centre is being planned.
4 The old barn is being pulled down.
5 An amusement park is being built.
6 The school yard is being tarred.
7 Some trees are being planted.
8 The church is being renovated.

▸▸ page 123

2. *Indivduelle Angaben*

▸▸ page 125

3.
2 Laptops are not selling well.
3 Tickets for the open air concert are selling well.
4 My car is running like a dream.
5 A new film is showing at the Rex.
6 *A Midsummer Night's Dream* is playing at the National Theatre.

21 *Simple past passive* in drei Funktionen

▸▸ page 127

1.
2 A bus was set on fire (by Chelsea fans).
3 Bottles and cans were thrown at the police (by football rowdies).
4 Twenty-five ManU supporters were seriously injured by Chelsea fans.
5 A policeman was rushed to hospital.
6 Windows were smashed by hooligans.
7 Trains and buses were sprayed with graffiti.

▸▸ page 129

2.
2 He wasn't allowed to have chicken for lunch.
3 He wasn't allowed to watch tennis on television.
4 He wasn't allowed to leave the hospital on Friday.
5 He wasn't allowed to listen to his own CDs.
6 He wasn't allowed to drink some champagne.
7 He was allowed to read books.
8 He was allowed to have friends round.
9 He was allowed to drink tea all day long.

3. ⏩ page 131

1 I was given extra money for Saturday work.
2 I was promised three days off.
3 I was offered a company car.
4 I was promised a computer.
5 I was given an excellent report of my work.
6 I was promised an even better job for next year.

4. ⏩ page 133

1 Watt
2 Chinese
3 Bell
4 Nobel
5 Edison
6 Columbus
7 Dunlop
8 British
9 Röntgen
10 Diesel
11 Wrights
12 Defoe
13 Chinese
14 Shakespeare

22 *Past progressive passive*

1. ⏩ page 135

2 … the lawn was being cut.
3 … the beds were being made.
4 … the carpets were being hoovered.
5 … the floors were being scrubbed.
6 … the towels were being changed.
7 … the rubbish bin was being emptied.
8 … the fence was being mended.

23 *Present perfect passive*

1. ⏩ page 137

2 His trousers have been mended.
3 His fingernails have been cut.
4 The bad tooth has been pulled out.
5 His beard has been shaved off.
6 His hair / coat has been trimmed.

▸▸ page 139

2.

A2 He must have been chased away.
A3 He must have been hit by a stone.
B1 He could have been beaten by somebody.
B2 He could have been abandoned by his owner.
B3 He could have been tormented by someone.
C1 He might have been knocked down by a car.
C2 He might have been pushed off the pavement.
C3 He might have been pushed out of a moving car.

24 *Past perfect passive*

▸▸ page 141

1.

2 … a dormer window had been installed.
3 … wall-to-wall carpeting had been fitted.
4 … central heating had been installed.
5 … some ceiling lamps had been hung up.
6 … a wardrobe had been fitted in.

25 *Will-future passive*

▸▸ page 143

1.

2 Your dog will be taken out twice a day.
3 It will be bathed once a week.
4 It will be taken to the vet.
5 It will be given fresh food.
6 It will be given fresh water all the day.
7 Its hair will be brushed once a week.
8 Your dog will be treated well.
9 Your dog will be looked after properly.

26 *Going to-future passive*

▸▸ page 145

1.

2 A light meal is going to be served.
3 A garden party is going to be organized.
4 All your friends are going to be invited.
5 Some nice video films are going to be shown.
6 You are going to be taken to an amusement park.
7 You're going to be introduced to the owner of this island.
8 Finally you're going to be shown round the island.

27 *Future perfect passive*

1. ▸▸ page 147

2 The school yard will have been paved.
3 The bicycle stands will have been put up.
4 The roof will have been repaired.
5 The staff room will have been painted.
6 All the work will have been done. That's for sure.

28 *Conditional I passive*

1. ▸▸ page 149

2 If you are really good, you'll be sent on special courses.
3 If you are experienced enough, you'll be offered a job as a trainer.
4 If you are successful, you'll be given a lot of money.
5 If you are fit and tough, you'll be admired by everybody.
6 If you are good looking, you'll be offered a role in a TV commercial.
7 If you are not successful, you'll be thrown out.

29 *Conditional II passive*

1. ▸▸ page 151

A	B	C	D	E	F
5	3	2	6	1	4

30 *Conditional perfect passive*

1. ▸▸ page 153

2 Madam. If you hadn't left the window open, your cat wouldn't have been knocked down by a car.
3 Sir. If you hadn't forgotten to keep the cage closed, your canary wouldn't have been killed by that cat.
4 Sir. If you had locked the safe, your money wouldn't have been stolen.
5 Madam. If you had driven your car into your garage, it wouldn't have been sprayed with graffiti.
6 Jack. If you hadn't been drinking and driving, you wouldn't have been taken to hospital.

31 Vermischte Übungen zu allen Zeitformen

▸▸ page 154

1. Am Telefon

	Deutsch	Englisch
Michael:	Hi! Ich bin's, Michael.	Hi! It's me. Michael.
Susan:	Hi! Was gibt's?	Hi! What's up?
Michael:	Kommst du heute Abend?	Are you coming tonight?
Susan:	Wohin?	Where to?
Michael:	Zu meiner Geburtstagsparty.	To my birthday party.
Susan:	Aber du hast mich nicht eingeladen.	But you haven't invited me.
Michael:	Ich habe dir letzten Freitag eine E-Mail geschickt.	I sent you an e-mail last Friday.
Susan:	Tut mir Leid, aber ich habe keine E-Mail letzten Freitag bekommen.	I'm sorry. I didn't get an e-mail last Friday.
Michael:	Das ist seltsam!	That's strange, isn't it?
Susan:	Wenn ich eine bekommen hätte, hätte ich dich sofort angerufen.	If I had got one I would have called you straight away.
Michael:	Okay. Was willst du dann machen? Kommst du?	Okay. What are your going to do then? Are you going to come?
Susan:	Natürlich.	Of course.
Michael:	Heute Nachmittag werde ich gegen vier Uhr an deinem Haus vorbeikommen. Ich hole dich ab, okay?	I'll be passing your house this afternoon at about four o'clock. I'll pick you up, shall I?
Susan:	Nicht nötig. Ich warte bereits seit 10 Minuten vor deiner Tür.	There's no need! I've been waiting in front of your door for ten minutes.
Michael:	Du bist eine Nervensäge.	You're a pain in the neck.

2. Robert ist durch sein Abschlussexamen gefallen. ▸▸ page 155

1 If I had studied harder, I would have passed the final exams.
2 If I had the money, I would take private lessons.
3 If I revise for two hours a day, I will pass the exam next time.

3. Gespräch über Handys (I)

Frage deinen Partner …

1	ob er ein Handy besitzt.	Have you got a mobile phone?
2	wie lange er es schon hat.	How long have you had it?
3	wie viel Geld er dafür monatlich ausgibt.	How much do you spend on it per month?
4	ob er es immer bei sich hat.	Do you have it with you all the time?
5	wer die Telefonrechnung bezahlt.	Who pays the phone bill?
6	ob er es schon einmal verloren hat.	Have you ever lost it?
7	ob er vorhat, ein neues Modell zu kaufen.	Are you going to buy a new model?

4. Wie würdest du es ausdrücken? Kreuze die richtige Antwort an. ▸▸ page 156

1B – 2B – 3 A – 4 A – 5 B

5. Setze die fehlenden Verbformen ein. ▸▸ page 157

Der Porsche eines Schürzenjägers	The Philanderer's Porsche
In Kalifornien entdeckte ein Mann in der Zeitung eine Annonce über einen fast neuwertigen Porsche in einem hervorragenden Zustand – zum Preis von $ 50.	A man in California **saw** an ad in the paper for an almost new Porsche, in excellent condition – price $ 50.
Er war sich sicher, dass den Setzern ein Druckfehler unterlaufen war, denn selbst für $ 5000 wäre dies ein absolutes Schnäppchen gewesen. Er eilte zu der angegebenen Adresse, um sich das Auto anzusehen.	He was certain the printers **had made** a typographical error, but even at $ 5,000 it **would have been** a bargain, so he **hurried** to the address to look at the car.
Eine hübsche Frau erschien an der Haustür. Ja, sie hatte die Annonce aufgegeben. Der Preis war tatsächlich $ 50. „Das Auto", sagte sie, „ist in der Garage. Kommen Sie mit und schauen Sie es sich an."	A nice-looking woman **was waiting** at the front door. Yes, she **had placed** the ad. The price was indeed $ 50. "The car," she said, "is in the garage. Come and look at it."
Der junge Mann war überwältigt. Es war ein wunderschöner Porsche, und, wie es in der Annonce stand, „fast neu."	The fellow was overwhelmed. It was a beautiful Porsche, and, as the ad promised, "nearly new."

Er fragte, ob er mit dem Auto einmal um den Häuserblock fahren könne. Die Frau antwortete, „Natürlich“ und fuhr mit.
Der Porsche fuhr sich traumhaft. Der junge Mann zog $ 50 aus der Tasche und übergab sie, etwas verlegen, der Frau.
Die Frau überreichte ihm die notwendigen Papiere und das Auto gehörte ihm.
Schließlich konnte es der neue Besitzer nicht länger aushalten.
Er musste wissen, warum die Frau den Porsche zu einem solch lächerlichen Preis verkaufte.
Ihre Antwort war einfach. Mit einem leichten Lächeln im Gesicht sagte sie: „Mein Ehemann hat sich vor einigen Tagen mit seiner Sekretärin aus dem Staub gemacht und eine Nachricht hinterlassen, dass ich das Auto verkaufen und ihm das Geld schicken solle.“

He asked if he **could drive** the car around the block. The woman said, "Of course," and went with him.
The Porsche drove like a dream. The young man pealed off $ 50 and handed it over, somewhat sheepishly.
The woman gave him the necessary papers, and the car was his.
Finally, the new owner couldn't stand it any longer.
He had to know why the woman was selling the Porsche at such a ridiculously low price.
Her reply was simple. With a half-smile on her face, she said: "My husband ran off with his secretary a few days ago and he left a note instructing me to sell the car, and send him the money."

▸▸ page 158

6. Gespräch über Handys (II)

1	2	3	4	5	6	7	8	9	10
D	A	E	C	B	E	C	A	B	D

▸▸ page 159

7. Hausrenovierung
1 The roof has already been mended.
2 The living room is just being decorated.
3 The summer house will have been renovated by the end of next week.
4 The windows are just being painted.
5 A new hedge will have been planted by the end of next week.
6 Some of the old trees have already been cut down.

▸▸ page 160

8. Zu wem sprechen sie?

1	2	3	4	5	6
A	A	B	A	B	B

9. Großmutter ist von Computern begeistert. page 161

1 If I had had the chance to go to university, I would have done it.
2 If I was younger, I would study computer science.
3 If there are places free, I will take a computer course at night school.
4 If I ask Grandpa, he will also take a course.
5 If the new model had been on the market then, I would have bought it.
6 If my eyes were better, I would practise more.
7 If I could use a computer well, I would help Susan in her office.
8 If Susan likes to work with computers, I'll buy her one for Christmas.
9 If I had asked my son, he wouldn't have thrown away his old computer.

10. Notfälle page 162

1 C – A – B
2 C – B – A
3 A – C – B

11. Bei Gericht page 163

1 Where were you last night?
2 At home.
3 What were you doing at seven o'clock last night?
4 I was lying on the sofa. I was tired.
5 Why were you so tired?
6 I had been working all day.
7 Okay. Tell us what happened?
8 I had been lying for an hour or so when suddenly the phone rang.
9 Who was on the phone?
10 I don't know. I didn't answer the phone.
11 Why didn't you answer the phone?
12 Somebody called me many times before and had always hung up.
13 Okay. Your friend said he had been working in the garden at the time of the murder.
14 He's a liar. That's not true.

12. Als ich dort ankam … page 164

1 When I got there some pieces of furniture were being taken out of the flat.
2 When I got there the drinks hadn't been put into the fridge.
3 When I got there the glasses hadn't been washed.
4 When I got there the streamers were being hung up on the ceiling.
5 When I got there I realized that I had forgotten my present.
6 When I got there I saw that the pizzas had already been delivered.
7 When I got there the stereo was being mended.

▸▸ page 165

13. Der Präsident kommt.

Das passiert immer	Das ist bereits geschehen	Das passiert momentan	Das geschah gestern	Das wird demnächst geschehen
A – J – P	D – H – M	B – G – L	E – F – K	C – I – N

▸▸ page 166

14. Machst du dich über mich lustig?

Kunde zum Fleischer:
„Ich hätte gern fünf Gramm Wurst."
„Wollen Sie sich über mich lustig machen?", fragt der Fleischer.
„Nein, ganz und gar nicht. Wenn ich mich über Sie lustig machen wollte, würde ich Sie bitten, sie in Scheiben zu schneiden."

15. Es kann nicht so weitergehen.

2 Empty bottles are thrown into the waste paper baskets.
3 Paper is thrown away everywhere. What a shame!
4 Yesterday the windows in the toilet were broken.
5 Some toilets can't be used anymore.
6 All the classrooms were painted in the holidays. Now they look the same as they did before, don't they?
7 Some bins were set on fire last week.
8 The goldfish aquarium is being used as an ashtray.
9 Something must be done and will be done.

▸▸ page 167

16. Was wollen sie sagen?

1	2	3	4	5	6
B	A	B	A	A	B